자. 이제 다시 희곡을 읽을 시간

# 자.
# 이제 다시
# 희곡을
# 읽을 시간

이희인 지음

## 희곡 읽기의 어려움,
## 그리고 즐거움

대학에 들어가 역사가 오래된(1920년대부터 있었던!) 연극 동아리에 가입한 뒤 만난, 그 동아리 한쪽 벽에 붙어있던 길고 장황한 공연 연보는 내게 하나의 등대이자 푯대와 같은 것이었다. 1945년 이전의 공연작들은 기록이 지워진 채 그 뒤 40여 년에 걸친 공연작품들로만 이뤄진 연보였는데, 그 작품명들만 보아도 가슴이 두근거렸다. 그 뒤 연극에 관한 수업을 듣고 희곡을 하나씩 읽어나가며 그 40여 년에 걸친 연보가 일종의 우리 연극사, 공연사에 다름 아님을 알 수 있었다. 최인훈, 차범석 같은 국내 작가의 작품도 있었지만, 60년대엔 주로 베케트와 이오네스코 등 부조리극과 아서 밀러 등의 작품이 적혀 있고, 70년대 접어들어 뒤렌마트며 아라발, 페터 한트케의 연극들이 빼곡 적혀 있었다. 소포클레스를 비롯한 그리스 비극이나 셰익스피어, 헨리크 입센 등의 작품도 심심찮게 그 칸을 메우고 있었다. 80년대 접어들어 이러한 서양 번

역극들에 반발해 마당극에 영향을 받은 창작극을 올리기 시작한 움직임은 치열한 현대사의 한 단면을 보여주는 장면이었다. 80년대 들어 대학에 연극영화과들이 속속 생겨나 정착되기 이전에는, 주요 대학들의 연극 동아리 활동이 그대로 한국 연극의 현주소이기도 했다.

그 연보에 적혀 있던 많은 연극들을 여기 소환하였다. 고대 그리스 비극으로부터 20세기 후반까지 집필된 위대한 희곡들 중에 나름 중요하다 생각되는 작품들을 골라 다시 읽어보았다. 물론 개인적인 취향과 판단이 반영된 목록이고 시간과 지면의 한계로 더 많은 주옥같은 작품들을 담지 못한 것은 큰 아쉬움으로 남는다. 특히 아리스토파네스와 같은 그리스 희극이나 셰익스피어 희극들, 실러의 희곡들, 고골과 고리키 등 러시아 희곡들, 피란델로, 버나드 쇼, 손턴 와일더, 해럴드 핀터, 에드워드 올비, 막스 프리쉬, 아라발, 동시대 극작가 마이클 프레인 등의 희곡을 소개하지 못한 것이 아쉽다. 몰리에르나 체호프, 뒤렌마트 같은 극작가는 한두 작품을 더 소개해도 좋았을 것이다. 아쉬운 대로 24편 희곡 속에서 인생과 운명,

사랑, 역사, 혁명, 사회, 예술, 과학, 양심 등 인간 삶 전반에 걸친 묵직한 주제들을 음미해 보았다.

　나 역시도 소설이나 시에 비해 희곡을 잘 읽지도 못했고 즐기지도 못한 편이다. 희곡을 읽는 것보다 그 희곡에 바탕을 둔 연극을 보는 것을 더 즐겼다. 대체로 동의하겠지만, 희곡 읽기는 소설이나 다른 문학작품 읽기에 비해 읽어내기가 쉽지 않다. 물론 고대 그리스 비극이나 셰익스피어 극, '잘 만들어진' 현대 희곡들을 읽는 즐거움은 어떤 소설이나 시를 읽는 것 못지않은 지적 만족감과 감동을 준다. 그러나 맥락마저 생략된 대사들과 약간의 지문만으로 배우들의 감정이나 무대 위 상황 등 많은 것을 독자가 상상해야 하기에 희곡 독해의 어려움은 지극히 당연한 일이다. 지문 같은 것이 생략되고 논리적 드라마 체계를 거부하는 실험극이나 부조리극 등의 희곡 읽기는 더욱 괴롭다.

　그러나 연극으로 상연되는 희곡은 문학, 특히 소설에 비해 매우 명백한 장점도 갖고 있다. 헤겔식의 정반합과

변증법이 희곡(연극)만큼 훌륭하게 구현되는 문학예술도 드물 것이다. 연극은 갈등하는 요소들이 팽팽하게 '극적으로' 맞서다가 모종의 정화된 결말을 도출해낸다. 현실의 잠재된 모순을 드러내는 데 가장 적합한 형식이라 할까. 오늘날의 소설과 문학이 '현실은 그렇게 모든 국면에서 극적인 것만은 아니지 않는가?' 하고 물어 온 데 비해, 두 시간 남짓한 시간에 관객들에게 뭔가 강한 메시지를 던져야 하는 연극/희곡의 경우는 현실에 존재하는 갈등적 상황들, 극적인 장면들을 집약적으로 배치해 그 귀결과 교훈을 보여주는 데에 조금 더 적절한 장르다. 물론 2차 대전 전후 부조리극이나 서사극들이 연극의 현실 재현 능력에 지속적으로 문제를 제기해오긴 했지만 말이다.

희곡의 대사들은 생활의 언어를 반영하고 있지만, 무대라는 물리적인 공간의 특성을 반영해 객석 쪽 관객의 귀와 마음에 조금 더 박히는 언어와 화술을 구사해왔다. 많은 희곡들이 삶에 대한 극적이고 인상적인 통찰력을 담은 대사들을 구사한다. 희곡의 장황한 대사들을 정리하여 연출가와 기획의 의도에 맞게 각색을 해 최종적으로 무대 위에 뱉어지는 대사들은 더욱 압축된 맛을 보여준다. 무대를 상상하며 읽어나가는 독법도 희곡 읽기의 즐거움을 더해준다.

대학을 졸업하면 연극 현장에 뛰어들어 연극인의 삶을 살아보겠다는 꿈은 밥벌이의 무거움으로 좌절되었다. 그러나 연극에 대한 애착과 그리움은 자꾸만 무대 쪽으로 나를 불러들였고 이런저런 방식으로 무대의 부름에 응답하며 살아왔다. 이 책 역시 그러한 부름에 대한 한 응답이자 정리가 될 것이다. 책을 준비하며, 예전에 읽은 희곡을 다시 펼쳐 들거나 새로운 희곡에 밑줄을 그으며 무대를 상상하는 일은 그 자체만으로도 행복한 시간이었다. 다만, 희곡 작품들의 저작권과 판권이 상당히 복잡하게 얽혀있어, 책을 쓰는 데 많은 어려움이 있었던 점은 아쉬움으로 남는다. 오늘날 현란하고 자극적인 영화와 뮤지컬에 밀려 연극은 그 입지가 좁아지는 듯하다. 그러나 연극, 그러니까 나의 온몸을 활용해 타인의 삶을 모방하는 놀이는 인간에게 부여된 일종의 본능이므로 결코 사라지거나 멸하는 일은 없을 것이다. 오늘 다시 낡은 희곡의 대본을 펼쳐 들고 낭독과 상연의 즐거움에 도전해보시라. 우리 몸 안에 잠들어 있는 연극의 본능을 깨워보시라. 희곡 읽기, 연극해보기는 내 몸을 사랑하는 색다른 방법이 될 것이다.

2019년 10월, 파주에서

이희인

**일러두기**

- 외래어 표기는 원칙적으로 국립국어원 한국어 어문 규범 용례에 따르되, 인용문의 경우 인용 도서 표기에 따랐습니다.

- 언급된 희곡 작품의 줄거리와 결말 등의 스포일러를 포함하고 있습니다. 이는 희곡 읽기가 단순히 줄거리 읽기가 아니라는 저자의 생각을 반영한 것입니다.

내가
누구인지
알게 되는
두려움

*

소포클레스
〈오이디푸스 왕〉

오이디푸스 I

아, 빛이여!
다시는 빛을 볼 수 없으리라!

프로이트의 정신분석학 이론에 대해 잘 알지 못하는 사람도, 이제는 '오이디푸스 콤플렉스'라는 말을 어렵지 않게 받아들이는 듯하다. 모친의 사랑을 독차지하고 싶기도 하거니와, 모친을 차지하고 있는 강력한 경쟁자로서 부친을 극도로 증오하고 미워하는 유아기의 심리를 프로이트가 개념화한 것이다. '군사부일체君師父一體'라 하여 부친을 임금과 동일시하고, 그들을 중심으로 안정된 가정과 사회 질서를 꾀하는 동양과 달리 서양에서의 '아버지'란 존재는 이렇듯 넘어서야 할 존재, 더 노골적으로 '살해해야 할 존재'로 부각된다. 메리 셸리의 역작《프랑켄슈타인》과 도스토옙스키의《카라마조프네 형제들》을 비롯해, SF 영화의 고전이 된 프리츠 랑의 〈메트로폴리스〉나 리들리 스콧의 〈블레이드 러너〉는 모두 창조자인 부친을 살해하려는 아들들이 등장하며, 록그룹 도어즈의 〈끝The End〉 같은 곡에도 이와 같은 모티프가 담겨 있다.

서양의 문학, 예술, 심지어 대중가요와 영화에 유난히 부친살해의 모티프가 많은 이유다.

신화로서의 오이디푸스의 이야기는 널리 알려져 있고 많은 사람이 알 것이다. 오이디푸스의 탄생부터 성장, 종말에 이르는 시간적 순서의 이야기를 말이다. 그러나 이 이야기를 인류 최고의 희곡작품으로 승화시킨 것은 위대한 극작가 소포클레스의 솜씨이고 그가 긴밀하게 재구성한 플롯의 힘이라 할 것이다. 시간의 순차적 흐름에 따른 신화와 달리 고대 희랍극의 삼일치 법칙에 입각해 쓰인 〈오이디푸스 왕〉은 흡사 추리적 기법을 차용하며 관객의 몰입을 극한으로 끌고 간다. 아버지를 살해하고 어머니와 정을 통한, 그리하여 신의 저주를 사 나라에 역병이 돌게 만든 천하의 몹쓸 놈을 잡기 위한 추적의 과정에서 관객들은 점차 이상한 관극 체험을 하게 된다. 저기 무대 한가운데서 한껏 우쭐하여 떠들고 있는 자, 천하의 몹쓸 놈을 꼭 잡아들이겠다며 그를 향해 온갖 저주를 퍼붓는 자, 그 자가 정작 그가 그토록 잡겠다는 범인이 아닐까? 모든 증오와 욕설과 저주의 말이 모두 그 자신에게로 돌려지는 화살이 아닐까? 이러한 심증은 한 사람, 한 사람 증인들이 무대에 불려 나올 때마다 확신으로 변한다. 탁 트인 네 번째 벽 바깥에서 그 안쪽 무대를 들여다보는 관객들은 모두 눈치채 가는 사실을, 정작 일찍이 스핑크스의 수수께끼를 푼 명석한 영웅, 오이디푸스 자신만이 모르고 있다. 역시 진실을 눈치챈 왕비(이자 어머니인) 이오카스테가 어느 순간부터 범인 잡기를 멈출 것을 요구하지만 오이디푸스는 여전히 당당하고 오롯하다. 마침내 (오이디푸스 자신이 천하의 몹쓸 놈 그 자신이라는) 돌이킬 수 없는 증언을 듣는 순간, 오이디푸스는 그제야 자신의 운명을 저주하며 무대 밖으로 물러선다. 곧 그는 자신의 눈을 찔러 피 칠갑이 된 모습으로 무대에 다시 등장한다.

'서양 철학사는 플라톤 철학에 주석을 붙이는 과정에 다름 아니다'라는 언명도 이제 너무 식상한 말이 되었지만, 플라톤의 저작을 읽을 때마다 정말 맞는 말이란 생각이 든다. 나는 이 말을 서양의 연극, 혹은 서양문학사에 적용해도 성립이 된다고 생각하는 편이다. '서양 연극사는 그리스 비극을 답습해 온 과정에 다름 아니다'라고 한다면 틀린 말일까. 세계 최초의 문학이론서인 아리스토텔레스의 《시학》이 가장 모범적인 시, 혹은 예술의 전형으로 생각한 것이 호메로스의 서사시보다는 비극이며, 그 전범으로 삼은 작품이 소포클레스의 〈오이디푸스 왕〉이 아닌가.

이 연극의 마지막 장면, 그러니까 자신의 눈을 찔러 장님이 된 오이디푸스가 두 딸 안티고네와 이스메네의 손을 잡고 자발적인 추방자가 되어 광야로 향하는 모습을 지켜보며 코러스들이 부르짖는 대사는 그리스 비극의 핵심적 주제를 압축한다. 운명 앞에 오만하지 말 것, 언제나 겸손하게 신을 섬기며 살 것을 말이다. 이를 통해 관객들로 하여금 연민과 공포의 감정을 불러일으키게 만드는 비극의 교육적 목적은 달성된다. 그런데 어째서 코러스들의 이러한 경고가 오늘날까지도 구구절절 사무치게 다가오는 것일까?

**코러스** 테베의 시민 여러분! 여기 이 가련한 인간을 보시오. 이 사람이 그 어려운 수수께끼를 풀었고 이 세상 모든 사람들이 부러워했던 위대한 오이디푸스 왕이시오. 자, 여러분, 여길 보시오. 불행한 운명의 만조滿潮 이분의 머리를 휩쓸고 지나갔소. 살아 있는 모든 자 항상 임종의 날을 생각하라! 삶의 마지막 경계를 지나 고통으로부터 해방될 때까지는 어느 누구도 행복하다고 생각지 마라!

자신이 아들과 결혼하게 된 저주받은 운명임을 깨달은 왕비 이오카스테는 목을 매어 자살함으로써 자신을 징벌한다. 그런데 오이디푸스는 생명을 끊는 대신 자신의 눈을 찔러 맹인이 됨으로써 자신에게 가장 극한의 형벌을 내린다. 자살보다 더한 형벌이 앞을 보지 못하는 것, 다시는 빛을 보지 못하고 이토록 아름다운 세상을 보지 못하며 사랑하는 사람의 모습을 보지 못하는 것이라는 생각이 저변에 깔려 있다. 내일의 삶은 없고 오로지 눈이 멀쩡했을 때의 과거의 삶만을 회상하고 반성하라는 의미를 내포하고 있기도 하다. 여기서 눈(시각)은 생명 전체보다 더 소중한 것이며 거룩한 신체 기관으로까지 승화된다.

다른 감각에 비해 시각에 절대적인 우위를 부여해온 서구의 전통이 이미 그리스 비극에 그 씨앗을 보이고 있다.

눈이란 얼마나 중요한 감각기관인가? 본다는 것은 안다는 것이며, 앎의 가장 높은 경지는 자기 자신을 아는 것이다. 자기 자신을 제대로 아는 일에 실패한 오이디푸스의 운명은 결국 비극으로 끝을 맺는다. 맹목의 인간들에게 준엄한 경고와 교훈을 주기 위해 신들이 오이디푸스 같은 영웅의 몰락과 비극을 기획해 보여준 것만 같다. 이것이 고대 그리스 비극의 세계관이었으리라. '너 자신을 알라'는 소크라테스적 철학은 이렇게 앞선 비극의 세계와도 만난다. 자기 자신을 알아야 한다는 것, 자신을 알게 되는 두려움이란 주제가 서양 연극의 위대한 고전, 〈오이디푸스 왕〉이 준엄하게 가르쳐주는 세계다.

## 〈오이디푸스 왕〉에 사로잡힌 사람들

　서양의 악보가 모두 다 불태워져도 바흐의 악보만 존재한다면 서양음악사는 재건될 수 있을 거라고 말했던 사람이 있다. 같은 말을 〈오이디푸스 왕〉에 적용해도 되지 않을까 싶다. 아리스토텔레스가 전범으로 삼아 꼼꼼히 해설한 내용을 차치하더라도 이 비극에는 희곡 구성의 매우 중요한 구성 원리가 담겨 있다. 어떻게 극을 구성할 것인가, 비극을 비극답게 하는 기술은 무엇인가, 어떻게 하면 관객을 몰입하게 만들고 그들의 마음을 효과적으로 사로잡아 모종의 교훈을 줄 것인가?

　한때 〈오이디푸스 왕〉이 공연되는 곳이라면 어디든 달려가 연극을 보던 시절이 있었다. 1989년으로 기억하는데, 당시 국립극단에서 그리스 연출가를 초빙해 무대에 올린 〈오이디푸스 왕〉이 큰 화제를 불러일으켰다. 무대는 거대한 원기둥을 비스듬히 잘라 너른 면이 객석으로 향하도록 꾸민 무대였는데 그 단순함이 압도적이었다. 오이디푸스 역에 당시 젊은 신예 배우이던 주진모가, 이오카스테 역에는 중견 배우 손숙이 주연을 맡았다. 이 공연은 내게 놀라운 체험이었다. 개인적으로 그리스 비극의 위대한 세계를 단숨에 깨닫게 해준 연극이었다.

1998년 대한민국이 주빈국으로 초대된 아비뇽 국제연극페스티벌에서 대미를 장식한 연극도 〈오이디푸스 왕〉이었다. 몇 명의 교황이 머물렀던 14세기 유적인 아비뇽 교황청 너른 마당 한가운데서 공연된 〈오이디푸스 왕〉은 비록 불어를 알지는 못했지만, 작품 내용을 어느 정도 알고 있던 내게 역시 깊은 감동을 준 관극 체험이었다. 그 밖에도 얼마나 많은 〈오이디푸스 왕〉 공연을 보아왔던가. 근래엔 배우 황정민이 오이디푸스 역을 맡은 연극 공연이 있었다.

서양 문학의 뿌리라고 할 수 있는 〈오이디푸스 왕〉은 20세기 서사 양식의 제왕이 된 영화에서도 무시 못 할 작품이었으리라. 그런데 많은 작품들이 어떻게 하면 소포클레스의 원작에 가장 근접한 해석을 할까 고민한 흔적이 역력하다. 가장 흥미로운 작품은 〈데카메론〉, 〈살로 소돔 120일〉 등 중근세의 서사를 영화로 옮겨놓는 데 탁월했던 이탈리아의 문제적 감독 피에르 파솔리니의 〈오이디푸스 왕 Edipo Re〉이었다. 그의 다른 영화들과 마찬가지로 고대, 중세 사람들의 삶을 고증해 복원하려는 노력이 돋보인 영화였다. 〈사운드 오브 뮤직〉에서 폰 트랩 대령을 연기한 크리스토퍼 플럼버가 주연한 1968년 〈오이디푸스 왕Oedipus Rex〉도 볼 만하다. 이 영화 역시 고대 그리스적인 분위기를 오롯이 살려내고자 무척 애를 썼다. 뜻밖에도 눈먼 예언자 테이레시아스 역에 훌륭한 영화 감독 오슨 웰스의 얼굴을 만날 수 있었다. 〈오이디푸스 왕〉은 오늘날에도 끊임없이 되살아나는 텍스트인 것이다. 〈오이디푸스 왕〉에 매료된 사람은 《시학》을 쓴 아리스토텔레스로부터 18세기 독일의 G. E. 레싱 같은 극작가, 파솔리니 같은 영화감독뿐만 아니라, 첨단의 디지털 문명을 살아가는 나와 같은 연극 덕후들까지 그 계보를 잇고 있다.

누가
메데이아에게
돌을
던지랴

*

에우리피데스
〈메데이아〉

메데이아 |

내 손으로 너희들을 죽이지만
어찌 너희들이 사랑스럽지 않을까!

'원수를 갚는 데 1백 년이란 세월은 그리 긴 시간이 아니다'라는 말을 들었다. 무협지에나 나올 이런 말은 실제로 많은 문학과 영화 속 압도적인 복수의 화신들을 떠올리게 만든다.《모비딕》의 에이헤브 선장이나 햄릿과 몬테크리스토 백작, 박찬욱과 타란티노 감독의 영화 주인공들은 일단 강인한 체력과 불굴의 의지를 가진 복수의 화신들로 형상화된다. 처절한 복수의 의지만큼 사람을 강인하게 만드는 게 또 있을까. 복수가 삶의 목표가 돼버린 사람을 누가 막을 수 있을까.

그런데 인간이 벌이는 복수의 방법의 끝은 어디인가? 직접 적을 찾아가 잔인하게 응징하는 것이 가장 확실한 방법처럼 보인다. 그러나 인간 세상이 그리 만만하지가 않다. 복수가 언제나 성공하리라는 믿음은 홍콩이나 할리우드 영화 같은 매체가 심어준 어처구니없는 판타지에 불과하다. 복수하는 사람은 선량한 피해자이며 복수의 대상은 거대한 악으로 설정되는 것도 순진한 설정이다. 엄정한 법과 공권력, 만만치 않은 개인들이 어울려 사는 세상에서 복수가 성공할 확률은 극히 드물다. 금지된 사랑에 빠져 가족과 연인에게도 버림받고 사교계로부터 멸시당한 《안나 카레니나》의 주인공 안나는 자살로써 모든 얽힌 문제를 해결하고 남편과 정부를 동시에 고통으로 밀어 넣을 수 있다 생각하며 달려오는 기차에 몸을 던졌다. 결과적으로 가장 불쌍한 사람은 어쨌거나 안나 자신이었다. 우리 시대 복수는 거의 필패에 가깝다. 누군가 말했듯 우리 시대의 의미 있는 복수란, 복수하고 싶은 상대보다 내가 더 행복하게 잘 먹고 잘 사는 일일 뿐이다.

　여기, 인류 역사상 가장 극단의 방법으로 복수의 칼날을 벼리는 사람이 있다. 그의 이름 메데이아. 사랑했기에, 황금 양피를 구하는 모험에서 결정적인 도움을 주고 자신의 가족을 살해하고 왕국까지 버리면서까지 남편 이아손을 도운 여자다. 그런 남편 이아손이 낯선 땅 코린토스 왕국에 와서 자신을 배신하고 그 나라 왕 크레온의 딸과 결혼하려 하자 억울함과 분노에 휩싸인 메데이아는 일찍이 유례가 없는 사상 최악의 복수를 기획한다. 바로 이아손과의 사이에서 난 자신의 두 어린 아들을 살해하는 것. 아이들까지 미워져서? 절대 아니다. 오로지 남편 이아손에게 극심한 마음의 고통을 주고 이아손을 아이 없는 아비로 만들기 위해서다. 메데이아가 마음을 굳히고 제 손으로 죽이려는 아이들과 마음으로 작별하는 장면은 그래서 비현실적이다 싶을 정도로 끔찍하다.

> 메데이아 아이들과 작별 인사를 나누고 싶어. 얘들아, 이 어미가 입 맞추게 너희들 손을 이리 다오. 이 얼마나 귀여운 손이냐! 이 얼마나 사랑스런 입술이냐! 서글서글한 얼굴, 귀티가 나는 용모! 너희들을 축복하노니 잘 살아야 해. 저승에서라도 말이다. 이승의 모든 행복은 네 아비가 빼앗아 가 버렸다.

이에 앞서 메데이아는 독을 잔뜩 묻힌 옷을 이아손의 예비 신부인 코린토스의 공주에게 선물하여 그녀를 독살하고, 그녀의 아버지인 크레온 국왕마저 사망하게 만든다. 이 정도고 보면 메데이아는 악녀 중의 악녀, 팜 파탈의 원조에 가깝다. 그런데도 메데이아를 옹호해야 할까?

　현실에서야 어떨지 몰라도 신화와 문학, 희곡 속의 메데이아에게는 어떤 매력이 있음에 틀림없다. 많은 화가들이 아이들을 잔인하게 살해하는 메데이아의 이미지를 그림으로 그렸고 오페라나 인접 장르로도 창작되었으며 소설가들도 이 작품을 새롭게 해석한 작품을 내놓기도 했다. 저주받은 여성 예언자를 소재로 《카산드라》라는 소설을 쓴 바 있는 동독의 작가 크리스타 볼프는 메데이아의 신화를 새로운 관점에서 재창작하기도 했다. 혹자는 〈메데이아〉를 최초의 페미니즘 서사로 보기도 한다. 다음과 같은 구절 때문이리라.


　　　메데이아　남자들이란 집안일에 싫증이 나면 집 바깥에서
　　　울적한 마음을 풀 수도 있어요. 친구나 또래 사람들
　　　과 어울리면서 말입니다. 하지만 우리 여자들은 항
　　　상 한 사람만을 쳐다보고 살아야 합니다. 남정네들
　　　은 말합니다. 여자들은 집에서 편하게 살지만 남자

아테네 아크로폴리스 인근 기념품 상점에서 만난 석고 마스크들.
그리스 비극은 어떻게 상연되었을까?

들은 창을 들고 싸운다고. 이 얼마나 얼토당토않은 말입니까? 아이를 낳는 고통을 한 번 겪기보다 차라리 세 번 전쟁터에 나가 싸우는 게 나아요.

전해지는 그리스 비극 중에서도 에우리피데스의 〈메데이아〉는 한 극단에 이를 정도로 잔인하고 참혹한 연극이다. 자신의 몸으로 난 아이들을 제 손으로 살해하는 엽기적 어머니가 주인공이란 데서 참혹함은 더하다. 친부살해와 근친상간을 다룬 〈오이디푸스〉나 친모살해를 모티프로 한 〈오레스테스〉와 비교해도 그 잔인함의 정도가 뒤지지 않는다. 그리스 비극을 일컬어 누군가는 '고도의 협박 체계'라 일컬었다. 비극은 하나같이 오만함과 욕망, 성급함, 어리석음이라는 결함으로 점철된 보통 이상의 사람(영웅)들에 대한 응징과 처형으로 귀결된다. 〈리어왕〉의 한 구절처럼 '장난꾸러기들이 파리를 가지고 놀 듯 신들은 우리 인간을 희롱'한다. 이를 통해 신에 대한 경외심을 갖게 하고 사회의 통합과 질서, 즉 코스모스Kosmos의 세계를 도모하려는 의도가 숨어 있는 것이다. 극 중 사건의 목격자이자 심판관, 주인공들을 응원하거나 비난하는 자들이기도 한 코러스의 무리가 종종 극의 교훈을 엉뚱하게 몰고 가더라도 말이다.

> <u>코러스</u>  그래서 하는 말인데, 자식을 가져 보지 못한 사람이 자식 가진 사람보다 훨씬 행복합니다. 자식이 없는 사람은 자식이 잘될지 못될지 신경쓰지 않아도 되니까요. 자식 없는 사람은 수많은 고통에서 벗어나 짐을 덜고 살아갈 수 있으니까요. 그러나 전 보았어요. 귀여운 자식을 가진 부모는 늘 근심 걱정에 시달리며 살아가는 걸….

## 〈메데이아〉, 공감하긴 어렵지만 매력적인 팜 파탈

〈메데이아〉는 우리 무대에도 심심찮게 오르는 작품이다. 꽤 오래전 배우 강수연이 메데이아 역을 연기한 공연을 본 적이 있고, 이태 전엔 배우 이혜영이 연기한 국립극단의 공연을 보았다. 강수연의 〈메데이아〉는 오래전 것이라 기억이 나지 않지만, 그리스 연출가에 의해 연출되어 무대에 오른 이혜영 주연의 연극은 지금도 선명한 이미지로 남아있다. 메데이아가 두 어린 아들을 살해하는 장면에서 붉고 강렬한 조명이 명멸하며 매우 선혈이 낭자한 무대를 연출했다. 그 비극성을 강조하기 위해서인지, 무대는 별다른 장식이나 구조물 없이 미니멀하면서도 차가운 분위기를 자아냈다. 슬픔과 분노, 다정함과 악마성을 오가는 메데이아는 웬만한 카리스마를 갖지 않고선 소화해내기 어려운 배역일 터다.

〈메데이아〉의 작가 에우리피데스는 흔히 그리스 비극의 창시자인 아이스킬로스와 비극의 완성자인 소포클레스와 더불어 그리스 비극의 3대 작가로 꼽힌다. 특히 여성의 심리 묘사에 탁월했다고 하며, 영웅 대신 미천한 신분의 인물을 등장시켜 앞선 두 위대한 선배가 구사한 정통 비극에서 약간 벗어나는 경향을 보이기도 했다.

지난해 출간된 최혜영 교수의《그리스 비극 깊이 읽기》는 그리스 비극을 지나치게 문학적으로만 해석하는 것에 이의를 제기한다. 우리가 흔히 단일국가로 오인하고 있는 아테네나 테바이, 스파르타, 코린토스 등이 실은 적대하거나 대립하는 서로 다른 도시 국가들이었고, 이들 간의 정치적 종교적 역학이 비극의 내용에 지대한 영향을 미쳤다는 것이다. 오이디푸스나 메데이아의 비참한 드라마가 자신의 나라에서 일어난 일로 설정되는 것을 참지 못한 아테네인들의 뜻이 반영되어, 비극의 배경이 각각 (아테네의 적국인) 테바이나 코린토스에서 일어난 일로 설정된 것이 그 예라는 것이다. 그리스 비극에 대해 분석한 매우 새롭고 흥미로운 책이다.

〈안티고네〉나 〈엘렉트라〉 등 여성이 주인공으로 등장하는 그리스 비극들 가운데서도 〈메데이아〉의 캐릭터는 워낙 도발적이고 강렬하다. 공연 내내 원한과 원망, 분노에 찬 메데이아의 울부짖음이 무대 앞뒤에서 끊이지 않는다. 희곡에는 직접

적으로 아이들을 살해하는 장면이 묘사되지 않고 코러스나 전령에 의해 전해진다. 크레온 국왕이나 공주의 끔찍한 죽음도 코러스나 사자들의 목격담으로 전해진다. 오늘날엔 영화나 대중매체를 통해 잔인한 장면에 길들여진 관객들을 위해 이런 장면을 무대 위에 직접 구현하는 방식을 택하기도 한다. 어떤 방법이 사람들에게 슬픔과 끔찍함, 연민과 공포를 효과적으로 불러일으키는 방법일까?

추함,
아름다움을
굴복시키다

*

W. 셰익스피어
〈리처드 3세〉

리처드 I

내가 헨리 왕을 죽였어.
하지만 나를 충동질한 건
당신의 아름다움이야.

영국 레스터 시의 한 주차장 지하 옛 교회 터에서 리처드 3세의 것으로 추정되는 인골이 발견되었다는 몇 해 전 기사를 매우 흥미롭게 보았다. 이듬해 DNA 검사를 거쳐 그것이 리처드 3세의 유골임이 최종 확인되었다는 기사도 뒤따랐다. '꼽추 왕'이란 별명을 뒷받침하듯 한눈에 보아도 척추측만증을 앓은 유골이었다고 한다. 리처드 3세가 실재했던 사람인 데다 이제야 그 유골이 발견되다니! 일반인들에겐 그냥 스쳐 지나가는 해외 토픽일지 몰라도 셰익스피어 마니아들에게는 그냥 지나칠 수 없는, 무척 흥분되는 뉴스가 아닐 수 없을 터였다.

리처드 3세는 조선의 7대 임금 세조(수양대군)와 이따금 비교된다. 요크 가의 왕족으로 장미전쟁을 승리로 이끈 주역 중 한 명이지만, 선왕이자 형인 에드워드 4세가 급사하자 조카들을 몰아낸 뒤 스스로 왕위에 오른 일에서 그러하다. 그러나 리처드 3세는 그보다 훨씬 잔인했던 모양이다. 자신의 야망을 위해 조카뿐만 아니라 주변의 많은 사람들을 무수히 척살하는 잔인함으로 유명했다. 역사책에 몇 줄로 간단히 적힌 리처드 3세가 얼마나 잔인했던가는 셰익스피어의 희곡 작품 〈리처드 3세〉를 보면 실감 나게 느낄 수 있다. 셰익스피어의 희곡에 과장이나 각색이 얼마나 끼어들었는지는 몰라도, 셰익스피어 희곡의 주인공들 중에도 글로스터, 즉 뒤에 리처드 3세가 되는 이 사람은 둘째가라면 서러울 정도의 악인에 속한다. 그래서 더욱 매력적이라 할까?

따지고 보면 문학사를 수놓은 빛나는 주인공들은 악인인 경우가 많다. 셰익스피어 4대 비극의 주인공들도 따지고 보면 심각한 성격적 결함을 갖고 있는 악인들이요, 도스토옙스키의 《죄와 벌》이나 《카라마조프네 형제들》 같은 소설의 주인공들, 《레미제라블》의 장 발장을 쫓는 자베르 경감, 《폭풍의 언덕》의 히스클리프 같은 주인공도 매력적인 악인에 속한다. 파우스트보다 메피스토펠레스에게 끌린다거나 《나르치스와 골드문트》의 주인공 중에도 쾌락과 범죄의 인간 골드문트에 끌리는 것도 그렇다.

홍부보다 놀부 쪽에 우리는 더 공명하고 연민을 보내지 않던가?

셰익스피어의 희곡 중 가장 많이 상연되는 작품이 정확히 무언지는 몰라도, 〈리처드 3세〉도 그 후보에 당당히 꼽힐 것이다. 〈햄릿〉이나 〈맥베스〉에 못하지 않은 인기를 누리는 작품이다. (소네트를 제외한) 셰익스피어의 희곡들은 흔히 세 카테고리로 분류된다. 희극, 비극, 역사극이 그것. 〈한여름 밤의 꿈〉이나 〈십이야〉, 〈말괄량이 길들이기〉 같은 작품이 희극이라면, 4대 비극들이 대표적인 비극으로 꼽힌다. 그 밖의, 널리 알려지지 않은 많은 희곡들이 역사극의 범주에 포함된다. 〈헨리 4세〉, 〈헨리 5세〉, 〈헨리 8세〉 등 영국 역사에서 취한 작품들과 〈줄리어스 시저〉나 〈안토니와 클레오파트라〉도 역사극으로 분류된다. 〈리처드 3세〉도 역사극에 속할 것이다. 맥베스나 오셀로, 햄릿이 허구의 인물들인 데 비해 리처드 3세는 실존했던 인물이고 내용도 역사에 기초해 있다. 그러나 극의 내용은 비극에 가깝다. 〈맥베스〉의 좀 더 현실적이며 하드코어 한 버전이라고 할까.

주인공 리처드 3세는 셰익스피어의 모든 주인공 중에도 탁월한 악인이다. 꼽추에다 다리를 심하게 저는 그의 신체적 결함이 이 작품에선 그의 악마성을 더욱 돋보이게 한다. 어찌 보면 그에게선 성격적 결함이랄 게 없는 것 같다. 그는 순결하다 싶을 정도로, 악 그 자체다. 이는 극이 시작됨과 동시에 주인공 스스로가 천명하는 바다. 4대 비극의 주인공들이 자신의 악행에 대해 이런저런 갈등과 고뇌를 품고 있는 데 비해, 리처드 3세의 악행에는 고민이나 이유 따위가 없다.

리처드 사랑의 여신의 축복 없이 흉물스럽게 빚어져 어여쁜 여인 앞에는 설 수조차 없는 인간. (…) 이 볼품 없는 절름발이를 보고 지나가는 개도 으르렁거리는구나. (…) 이 세상이 나에게 아무런 즐거움도 주지 못하니 나는 인간들을 명령하고 위압하기 위하여 왕관을 꿈꾸는 것으로 나의 천국을 만들겠다.

이런 자기 폄하적 고백, 자기 정체성에서 출발한 리처

드의 독백은 급기야 이런 끔찍한 음모를 꾸미는 데까지 나간다.

> **리처드**  남동생들을 죽여버리고 그 누이를 아내로 삼는다. 잘 될까? 이미 피에 적신 이 몸을 어떻게 해. 피는 피를, 죄는 죄를 부를 따름이다. 이 눈에서는 연민의 눈물 따윈 흐르지 않아.

배신과 암투, 전쟁, 몰락의 드라마를 보여주는 〈리처드 3세〉의 파란만장한 이야기 전체에서, 가장 매력적인 장면은 희곡의 앞부분이다. 리처드 3세와 앤 왕비와의 대화 장면. 자신의 남편 헨리를 시해한 시동생 리처드 3세(글로스터)를 "천하의 악마"라거나 "지옥으로 꺼져라"라고 증오해 마지않던 앤 왕비는 단 몇 페이지에 걸친 리처드 3세의 언변에 압도되어 끝내 그의 청혼 반지를 손가락에 끼고 만다. 아무리 희곡이라지만 단 십여 분만에 원수를 배우자로 받아들이다니! 그럼에도 그 언변이 하도 교묘하고 탁월해서일까, 그만 리처드 3세의 매력에 독자마저 푹 빠져들게 된다.

> 리처드  말하지 마오. 그 입술은 입 맞추기 위한 것이지
> 증오와 멸시를 위한 것은 아니야. 복수에 사무친 마
> 음을 참을 길 없다면 자, 이 칼을 당신에게 드릴 테
> 니 (…) 내가 헨리 왕을 죽였어. 하지만 나를 충동질
> 한 건 당신의 아름다움이야. 멈추지 말고 어서!

희곡의 후반, 리처드 3세가 전쟁에 패해 파국과 몰락으
로 치닫는 장면의 대사들 또한 하나같이 명대사들이다.
"내겐 사랑 따윈 없어, 증오만이 내 것이야."라거나, "자
돌격이다 (…) 천국에 못 갈 바에야 손에 손을 잡고 모두
지옥으로 가는 거다!"라는 대사, "말을 다오, 말을! 이 왕
국을 주겠으니 말을 다오!"라고 외치는 리처드 3세의 매
력을 어찌 거부할 수 있을까.

## 셰익스피어의 가장 매력적인 악인을 꼽는다면?

4대 비극을 암기 과목처럼 외는 풍토에선 익숙하지 않을뿐더러, 셰익스피어 작품 중 일반인에겐 널리 알려진 것이 아닌 까닭에, 〈리처드 3세〉는 다소 생소한 작품일지도 모른다. 그러나 4대 비극에 버금갈 만큼, 어쩌면 그 이상으로 무대에 거듭 오르는 인기 레퍼토리가 〈리처드 3세〉다. 모르긴 몰라도 셰익스피어 마니아라 자부하는 일부 사람들 사이에서 첫손에 꼽힐 작품일 터다. 어쨌거나 〈햄릿〉이나 〈맥베스〉, 〈한여름 밤의 꿈〉 등은 너무 자주 접하는 축에 속하지 않던가. 만일 내게 그만한 연기력이 있어 셰익스피어 극의 단 한 명의 주인공을 맡을 기회가 허락된다면 그 배역은 '리처드 3세'일 것이다. 그만큼 매력적인 캐릭터다.

어디선가 〈리처드 3세〉의 공연 소식이 들려오면 또 전전긍긍하게 된다. 〈리처드 3세〉에 열광했던 젊은 날의 흥분을 느끼고 싶어서다. 셰익스피어 극들이 대개 그렇듯, 등장인물이 많고 비교적 대작에 속하는 이런 연극이 자주 올려지지 않기에, 공연 소식은 반가움 그 이상이다. 대학 시절, 이웃한 영문과에서 올린 이 작품에 한눈에 반했다. 보자마자 〈리처드 3세〉의 팬이 되었다. 영화로도 몇 편 만들어진 〈리처드 3세〉 중, 비교적 정통극에 가깝게 만들어진 것은 대배우 로렌스 올리비에가 리처드 3세 역을 맡은 고전 영화에서였다. 〈반지의 제왕〉의 간달프 역을 맡았던 이안 맥켈런이 리처드 3세를 맡고 배경을 2차 세계대전으로 옮긴 동명의 영화도 인상적이었다. 2004년 배우 안석환이 예술의전당 무대에서 열연했던 〈리처드 3세〉도 인상 깊게 보았다. 최근엔 배우 황정민 주연의 〈리처드 3세〉도 상연되었지만 아쉽게도 가보질 못했다. 18세기, 19세기 〈리처드 3세〉를 열연한 명배우들의 전설도 전해진다. 모성애와 악마성을 동시에 연기해야 하는 〈메데이아〉의 주인공이 여성 배우들의 로망이라면, 〈리처드 3세〉의 불완전한 신체 속에 깃든 비타협적인 악마성을 연기해야 하는 주인공 역은 틀림없이 능력 있는 남성 배우들의 로망이 될 터다.

누가
내 마음을
움직이는가

＊

W. 셰익스피어
〈줄리어스 시저〉

브루터스 |

내 답은 이러하오.
시저를 덜 사랑했기 때문이 아니라,
로마를 더 사랑했기 때문이라고.

말로써 다른 사람의 마음을 사로잡는 웅변술은, 글의 기교로 그런 일을 수행하는 수사학과 더불어 고대 그리스 로마 시대 사회 지도층이 갖춰야 할 중요한 덕목이자 학문으로 꼽혔다. 우리가 그리스 로마 시대의 문화를 높이 찬양한다면, 설득과 공감의 커뮤니케이션을 바탕으로 하는 민주주의의 열린 풍토 때문일 것이다. 설득의 중요성, 설득의 기술에 대한 갈망은 현대에 이르러서는 상품 판매의 장이나 기업 활동에 더욱 간절한 덕목으로 자리 잡은 듯하다. 현대 광고의 아버지라 불리는 카피라이터 데이비드 오길비도 자신의 책에서 "사람들은 아이스키네스의 연설을 들으면 그의 화려한 수사에 갈채를 보내지만, 데모스테네스의 연설을 들으면 마음이 동해 '가서 필립과 싸우자!' 하고 결심한다"는 말을 언급하며 행동(판매)으로 연결되는 설득을 가장 윗길로 쳤다.

멋지고 훌륭한 정치적 논쟁의 장면은 그 자체로 훌륭한

문학작품의 재료이자 미덕이 되어왔다. 팽팽하게 맞서는 정치 세력 간의 논리와 논쟁을 작품 안에 멋지게 구축하는 솜씨는 아무 작가에게나 부여된 재능이 아니다. 문학작품에 배치된 위대한 논쟁들은 한 구절 한 구절 독자로 하여금 숨을 멎게 하고 식은땀을 흘리도록 한다. 뷔히너의 희곡 〈당통의 죽음〉에 펼쳐지는 당통과 로베스피에르의 논쟁이나, 우리 소설 《남한산성》 속 김상헌과 최명길의 논쟁, 아서 쾨슬러의 매우 훌륭한 소설 《한낮의 어둠》속 논쟁 등은 문학이 발휘할 수 있는 최고의 논쟁 장면들을 보여준다.

셰익스피어의 솜씨도 이런 부분에서 유감없이 발휘된다. 희곡 〈줄리어스 시저〉에 등장하는 브루터스와 안토니의 연설 장면은 이 희곡의 고갱이를 이룬다. 자신을 총애했던 시저를 암살하는 거사에 참여한 브루터스는 그의 암살을 로마 시민에게 알리며 자신의 행위를 옹호한 뒤 시민들에게 열화와 같은 갈채를 받는다. '시저보다 로마를 더 사랑했기에' 그를 살해할 수밖에 없었다던 브루터스의 연설에 로마 시민들은 "만세, 브루터스!"를 외치며

지지를 보낸다. 그러나 브루터스가 자신의 성공적인 연설 뒤에 시저를 옹호하는 안토니에게 연설 기회를 줌으로써 결과적으로 매우 큰 실수를 저지르게 된다. 로마 시민들에게 안토니는 암살당한 시저의 찢긴 외투를 들어 보이며, 또 로마 시민 모두에게 75드라크마의 돈과 장원을 기증한다는 시저의 유언장을 들어 보이며 시민들 마음을 사로잡는다. 암살자 브루터스에 대한 시저의 총애를 상기시키며 말이다.

안토니 시저가 얼마나 그를 사랑했는지! 브루터스가 시저의 몸에 만든 이 상처는 이 세상에서 가장 잔인무도한 칼자국이오. 시저는 브루터스가 찌르는 걸 보았을 때, 그 어떤 반역자의 배은망덕보다 더 강한 배신감을 느꼈고, 이에 압도당했소. 그리하여 그 위대한 심장은 터져 버렸소. 시저는 망토로 얼굴을 감싸고 폼페이의 조상 아래 쓰러지고 말았소.

역사극에 속하는 〈줄리어스 시저〉는 셰익스피어의 여

타 작품과 다른 몇 가지 특징을 보인다. 무엇보다 철저히 남성 위주의 극이란 점. 잠시 등장하는 시저와 브루터스의 부인들을 제외하면 거의 모든 인물이 남성이다. 둘째로, 이 작품에는 희극적 인물이나 장면이 아예 등장하지 않는다. 〈리어왕〉의 광대라든가 〈헨리 4세〉에 등장하는 유쾌한 폴스타프 같은 캐릭터가 없이 시종일관 진지하다. 나아가 이 작품은 악한 캐릭터가 등장하지 않는다. 살해당한 시저도, 그를 살해하는 역모자들도 모두 진지함으로 똘똘 뭉쳐 있다. 이 작품에 이어지는 역사극 〈안토니와 클레오파트라〉에선 클레오파트라의 매력에 눈이 멀어버린 안토니조차도 여기선 모두 저마다의 숭고한 신념과 의지에 따라 움직이는 인물들이다. 어느 편에 치우침 없이 반목하는 세력, 모든 이들을 공정하게 그려나간 셰익스피어의 솜씨가 돋보인다. 시저를 살해하기로 마음먹은 브루터스의 대사만 봐도 그가 시저를 얼마나 존중하는지 엿보인다.

**브루터스** 그러니 시저의 정신만 해치우고, 시저의 육신은 다치게 하지 맙시다. 하지만 슬프구나! 그 때문에 시저가 피를 흘려야 하다니! 동지 여러분, 대담하게 죽입시다. 하지만 격분하진 맙시다. 신께 바치는 제물로서 시저를 죽입시다. 사냥개에게 던져 줄 먹이로 보고 시저를 난도질하지는 맙시다.

그런가 하면, 결국 전쟁에 패해 전사한 브루터스에게 승리자인 안토니가 내뱉는 추도사는 극중 모든 인물을 더욱 숭고하게 만든다. 흡사, 호메로스의 서사시에서 비록 적이기에 어쩔 수 없이 죽여야 했지만, 죽은 적장에 예를 다하는 그리스 시대 영웅들의 전통을 잇는 듯하다.

안토니  브루터스는 그들 중 가장 고결한 로마인이었소. 이분을 제외하면, 음모를 꾸민 사람들 모두는 시저에 대한 시기심 때문에 그런 짓을 했소. 오직 이 브루터스만이 올곧은 생각에서 음모자들의 한 사람이 되었소. 모두를 위한 공동의 선을 행하려고 말이오. 그분의 생애는 고결했고, 그분 인품은 원만했소. 그리하여 대자

연도 고개를 들고. 온 세상을 향해 이렇게 외칠 정도였소. "이분이야말로 진정한 사내였다!"라고.

셰익스피어의 사극들이 플롯에 있어 극한 갈등과 사건보다 역사적 사실을 찬찬히 풀어나가듯이 이 희곡도 다소 느슨한 구조를 보인다. 이 극의 가장 중요한 사건이자 본격적인 갈등의 시작인 시저의 암살도 극의 중반쯤인 (전 5막 중) 3막 초반에 놓여 있다. 그 뒤 브루터스와 안토니의 연설 장면이 이어지고, 쫓겨 간 브루터스 일당이 전투에서 패해 최후를 맞는 장면으로 대미를 장식한다. 그럼에도 이 희곡은 로마 시대의 공화주의적 분위기라든가 안티 히어로가 없는 숭고한 분위기의 영웅서사라는 점에서 색다른 즐거움을 주는 희곡이다. 〈줄리어스 시저〉의 속편 격으로, 브루터스를 물리친 안토니가 클레오파트라에게 눈이 멀어 파멸하게 되는 〈안토니와 클레오파트라〉도 함께 읽으면 좋을 것이다. 두 작품 모두 《플루타코스의 영웅전》에서 그 소재를 취한 로마 시대 영웅들의 이야기로 그 읽는 재미가 쏠쏠하다.

셰익스피어 생가박물관

셰익스피어가 잠들어 있는 홀리트리니티 교회의 중앙 제단

홀리트리니티 교회의 중앙 제단의 셰익스피어 묘지

'헨리' 왕, '리처드' 왕 시리즈 등 튜터왕가의 신화를 만들어 가던 셰익스피어가 사극의 무대를 중세 영국에서 고대 로마로 옮겨가며 처음 선보인 작품이 〈줄리어스 시저〉다. 그를 후원하던 사우스햄프턴 백작 등이 연루된 역모가 미수에 그치고 이 때문에 영국 왕실에 대한 극화가 법적으로 금지되면서 셰익스피어는 사극의 무대를 고대 로마로 옮기게 된 것이다. 아울러 그의 본격적인 비극 시대가 시작된다. 〈줄리어스 시저〉는 앞선 작품들과 같이 정통 사극으로 분류되기보다는 비극으로 분류되기도 한다. 이 작품이 창작된 것이 1590년대 중후반이므로 1600년대 벽두부터 시작된 위대한 (4대) 비극들의 신호탄이 되는 셈이다. 이를 기점으로 셰익스피어의 희곡은 사극에서 비극으로, 사료에 바탕을 둔 사실의 극에서 구전되는 이야기를 바탕으로 한 허구의 극으로 옮겨간다. 셰익스피어의 연보에서 〈줄리어스 시저〉가 갖는 의미는 이처럼 각별하다.

다른 셰익스피어 극들이 그러하듯이 수많은 주연급 배우

와 조연, 수많은 로마의 군중들이 등장하는 이 사극을 무대에서 만나기란 쉽지 않다. 운 좋게도 2002년 구 국립극장 대극장(해오름극장) 무대에 오른 이 작품을 찾아가 본 적이 있다. 이제는 전설이 된 고 장민호 배우가 줄리어스 시저를 연기했고, 배우 김명수가 안토니를 연기했다. 그 밖에도 당시 쟁쟁했던 국립극단의 원로 배우들이 중요 배역들을 소화했다. 규모가 크고 배역도 많은 이런 연극을 일반 극단이 소화하기는 힘들었을 것이다. 10여 년 전 일본의 유명 극단이 초대된 〈안토니와 클레오파트라〉 공연이 무대에 올려진 바 있었는데 보지 못했다. 대신 〈안토니와 클레오파트라〉는 엘리자베스 테일러와 리처드 버턴 주연의 1963년 대작 영화 〈클레오파트라〉를 통해 스크린에서 만날 수 있었다. 그 외엔 국내 연극 무대에서 이 두 작품의 공연 소식을 접하진 못했다. 쉽게 무대에 올리기 힘든 대작 연극들을 애써 챙겨 봐야 하는 이유다.

# 흰 목덜미
# 위의
# 검은 손

*

W. 셰익스피어
〈오셀로〉

오셀로 |

그래도 이 여자의 피를 흘리지는 않을 거야.

눈보다 더 새하얀 이 피부에 상처를 내지 않을 거란 말이야.

깎아 놓은 대리석같이 부드러운 그 피부….

그래도 죽어야 해.

지중해 건너 북부 아프리카 출신의 '무어인' 오셀로는
여러 해전에서 승리를 거두며 승승장구하는 베니스 공국
의 촉망받는 장군이다. 그러나 베니스 귀족 집안의 딸 데
스데모나가 그를 흠모해 그녀를 아내로 맞음으로써 불행
을 잉태한다. 아버지 브러밴쇼의 반대를 무릅쓰고 오셀
로의 품으로 가는 데스데모나를 두고 브러밴쇼는 '아비
를 속였으니 남편인들 못 속일까' 하면서 오셀로에게 뼈
에 사무치는 충고와 저주를 던진다. 한편 그의 부하인 이
아고는 자신이 승진에 누락된 것에 분개해 상관인 오셀
로를 파괴할 계략을 꾸민다. 이아고의 음모와 계략에 넘
어간 오셀로는 차츰 자신의 아름다운 부인인 데스데모나
의 정절을 의심하게 되고 결국 그녀를 살해하기에 이른
다. 싸늘하게 죽은 데스데모나를 앞에 두고 이 모든 게 이
아고의 모략에 의한 것임을 뒤늦게 알게 된 오셀로는 스
스로 자결해 자신의 죄를 뉘우친다.

〈오셀로〉는 어떤 이들에겐 셰익스피어의 4대 비극 중 작품성이 가장 떨어진다 여겨질 작품일지도 모른다. 햄릿의 머뭇거림, 맥베스의 야망, 리어왕의 오만에 비하면 오셀로의 의심은 어쩐지 설득력이 적은 결함으로 보일 것이고, 대부분 왕좌 주변을 어슬렁거리는 앞의 주인공들보다 신분적으로도 낮은 '장군' 오셀로의 비극도 상대적으로 시시하게 비칠 것이다. 승진의 기회를 박탈당한 데 대한 복수로 위험천만한 짓을 도모하는 이아고의 무모함이나, 이아고의 꾐에 넘어가 사랑했던 아내를 살해하는 오셀로의 어리석음도 한편 작위적이고 억지스러워 보일 수도 있다.

셰익스피어의 4대 비극은 물론, 그리스 비극으로부터 줄곧 중요시해 온 주인공들의 성격적 결함(비극적 결함 hamartia)은 희곡에서 매우 중요한 역할을 한다. 대부분 영웅적인 주인공들을 파멸과 재앙으로 이끄는 성격적 결함들이란 주로 오만과 의심, 질투, 야망, 성급함, 어리석음 등이다. 인간으로서의 자신의 부족함을 뉘우치고 겸손한 맘으로 신에게 무릎 꿇을 것을 종용하는 것이 고전 비극의 중요한 역할이다. 그런데 따지고 보면, 오셀로의 의처증, 혹은 타인에 대한 의심은 오늘 우리와 얼마나 가까운 성정인가. 질투와 원망에서 비롯되어 타인을 파멸로 이끄는 이아고의 검은 마음도 우리가 갖게 되는 얼마나 익숙한 성격적 결함인가. 이런 점에서 오셀로의 결함은 다른 4대 비극의 주인공들이 갖는 그것보다 훨씬 더 우리에게 핍진한 설득력을 갖게 만든다.

이 희곡의 압권인 5막 2장의 살해 장면에서 오셀로는 의심과 질투, 분노에 가득 차 아내 데스데모나가 잠든 침대로 찾아든다. 인기척에 잠을 깬 데스데모나가 간절히 자신의 결벽을 주장하지만 이성을 잃은 무어 장군은 그녀의 흰 목덜미를 향해 검고 우람한 손을 뻗는다. 이 장면은 〈오셀로〉의 가장 유명한 장면이자 가장 많이 인용되는 장면이기도 하다.

> 데스데모나 제발, 절 쫓아내 줘요. 여보, 죽이지는 마세요.
>
> 오셀로 누워, 이 창녀야!
>
> 데스데모나 내일 죽여요. 오늘 밤은 살려 주세요.

**오셀로** 아니, 버둥대면…

**데스데모나** 그냥 반 시간만이라도. 그냥 기도할 동안만이라도!

**오셀로** 너무 늦었어. (목을 조른다.)

**데스데모나** 아, 하느님, 하느님, 하느…!

데스데모나의 시종이던 에밀리아가 아내를 살해한 오셀로 장군을 비난하며 "당신은 마님을 얻을 자격이 없는 것처럼, 당신이 한 짓은 천국을 얻을 자격이 없"다고 하던 말처럼 오셀로는 의심과 시기심, 분노로 자신이 쌓은 훌륭한 무훈과 경력을 일거에 무너뜨리며 파멸하고 만다.

작가 셰익스피어가 정말 실존했던 인물인지, 당대 귀족이나 명망 있는 지식인 중 한 명(옥스퍼드 백작이나 베이컨 경 같은 사람)이 셰익스피어라는 필명을 사용해 활동한 것인지에 대한 의구심과 논쟁은 정리될 기미를 보이지 않고 있다. 셰익스피어의 존재를 의심하는 범 '옥스퍼드 파'의 논리 중 하나가, 중졸 정도의 낮은 학력을 가진 데 비해서 그의 희곡은 드높은 학문의 경지를 구현해

내고 있다는 점이다. 또한 한 번도 영국 밖을 여행한 기록이 없는 셰익스피어가 이방의 나라와 그 땅의 상황들을 너무도 정확하게 그리고 있다는 점이다. 〈햄릿〉의 덴마크나 〈줄리어스 시저〉의 로마, 〈로미오와 줄리엣〉의 베로나 등등을 말이다. 〈오셀로〉 역시 작가의 실존 여부에 많은 궁금증을 던질 요소들로 가득하다. 당시 거의 모든 유럽 사회에서 배척받고 학대받던 유대인들이 베니스에서 당당히 고리대금업으로 성공하는 모습을 보여준 〈베니스의 상인〉의 이야기처럼, 〈오셀로〉의 무어 장군도 자신의 피부색과 국적에도 불구하고 오로지 자신의 능력과 무공으로 인정을 받았다. 이러한 설정 자체가 당대 유럽에서 가장 개방적이며 자유로웠던 상업도시 베니스의 분위기를 잘 그려내고 있다는 것이다. 단순한 문학적 상상력 이상으로 셰익스피어가 많은 것들을 꿰뚫고 있다는 증거가 아닐까 싶다. 오죽하면 프로이트며 찰스 디킨스, 마크 트웨인, 제임스 조이스, 찰리 채플린 같은 천재들이 선배 셰익스피어의 실존 여부를 의심하게 되었을까.

어리석기 그지없는 무어 장군 오셀로, 정직하고 순결

〈오셀로〉와 〈베니스의 상인〉의 무대인 이탈리아의 베네치아.
개방성과 자유가 넘쳐나는 아름다운 도시가
넘쳐나는 관광객들로 몸살을 앓고 있다고 한다

하며 아름다운 데스데모나, 셰익스피어 극의 여느 악인 못지않은 악한 이아고까지. 〈오셀로〉의 인물들이 보여주는 선과 악의 대립은 극 중 극을 연출하며 연극의 본질에 대해 설파하던 햄릿의 철학에 얼마나 가까운 것일까.

> **햄릿** 연극의 목적이란 예나 지금이나 과거나 현재나 여전히, 말하자면, 자연에 거울을 들이대 비춰 내는 것! 선한 것은 선한 것으로 조소받을 건 조소받을 것으로 비추어, 그 시대의 참다운 모습과 양상을 그대로 보여주는 일이지.

## 셰익스피어 때보다 진보한 시대에 살고 있는가?

오슨 웰스 감독이 셰익스피어의 희곡을 원작으로 만든 〈오 셀로〉는 어느 한 컷 버릴 것이 없을 정도로 빼어난 미장센을 보여주는 영화다. 오슨 웰스는 연출에만 만족하지 않고 직접 검은 피부로 분장해 무어인 오셀로 장군 역까지 맡았다. 영화는 흑백이다. 검은 피부의 오셀로와 백옥처럼 눈부신 그의 아내 데스데모나가 극적으로 대비되는 효과는 현란하고 산만한 컬러영화로는 살려내기 쉽지 않았을 것이다. 눈처럼 하얀 데스데모나의 목덜미를 조이기 위해 손을 뻗는 무어인의 검고 묵직한 손을 상상해 보라. 이런 극적 대비는 이 희곡의 주제에까지 근접한다.

1970년대 독일 뉴저먼시네마의 대표감독이던 베르너 파스 빈더의 영화 〈불안은 영혼을 잠식한다〉에서 문득 우리 시대의 오셀로를 보았다. 셰익스피어가 창조한 오셀로가 '무어인', 즉 모로코나 튀니지, 알제리쯤의 북아프리카 사람이고 보면, 〈불안은 영혼을 잠식한다〉의 남자 주인공인 '알리'가 북아프리카의 모로코 출신의 노동자라는 사실이 여기 겹친다. 검은 피부에 큰 키, 단단한 근육을 한 '알리' 역의 배우는 무대에서 '오셀로'의 배역을 맡기기에도 부족함이 없어 보인다. 그런데 영화에서 '알리'는 독일 사회에 아직도 잔존해 있는 민족적, 인종적 차별에 질식해 사망하는 북부 아프리카 출신의 외국인 노동자로 설정된다. 〈오셀로〉가 민족과 인종, 피부색에 상관없이 무어인이 낯선 나라 베니스에서 혁혁한 공을 세워 성공한 이야기이고 보면, 셰익스피어가 그린 당시의 베니스가 오늘날 혐오와 차별로 점철된 유럽의 나라들보다 훨씬 개방적인 나라였던 걸로 보인다. 역사는 정말로 진보하는 것일까?

셰익스피어의 4대 비극은 언제나 '꼭 읽어야 할' 문학 작품의 상위 목록을 차지한다. 우리는 햄릿이나 리어왕, 맥베스, 오셀로 들의 이야기를 이미 잘 알고 있다고 생각한다. 그러나 다시 그 희곡들을 펼쳐 읽어보면 늘 새로운 줄거리, 새로운 분위기, 새로운 의미로 읽힌다. 평범한 사람이 희곡의 주인공으로 등장하기 위해 조금 더 시간이 필요했지만, 17세기 초에 창작된 이들 희곡 속 영웅, 귀족들의 운명과 비극 속에 인간 보편의 문제, 인생의 문제를 곰곰 읽어낼 수 있다. 달리 고전이 아

니다. 그런데 정말 이 어마어마한 작품들을 셰익스피어 한 사

람이 다 썼단 말인가?

# 가장
# 나쁜 죄,
# 위선

*

몰리에르
〈타르튀프 혹은 위선자〉

타르튀프 |

세상에서 떠들어 대야 죄가 되는 것이지
조용히 저지르는 건 죄가 아니에요.

＊

움베르토 에코의 소설 《장미의 이름》은 지금은 전해지지 않는 아리스토텔레스의 《시학》 2권이 존재했으며, 그 책에 '웃음은 예술이며 식자들의 마음이 열리는 세상의 문'이라는 내용이 있었다는 가정을 하고 이를 꼭꼭 숨기려는 완고한 중세 수도사를 등장시킨다. 수도원에서 일어난 의문의 연쇄살인 사건을 추적하다 보니, 근엄한 신의 질서를 유지하기 위해 이 수도사가 '웃음'을 긍정한 책을 숨기려다 일이 커진 것임이 밝혀진다. '웃음은 인간을 원숭이로 격하시킨다'는 맹인 수도사에게 주인공 신부는 '원숭이는 웃지 않'으며 웃음은 '인간만의 이성의 기호'라며 반박한다.

흔히 암흑의 시대로 오해(?)받는 중세는 어쩐지 '웃음'과도 좀 먼 시대로 보인다. 웃음과 연결된 '희극' 양식은 고대 그리스를 비롯해 연극의 여명기부터 존재해 왔을 테고 비극만큼이나 사회에 중요한 역할을 해 왔을 터다.

위대한 비극작가들을 배출했던 그리스의 다른 한편에는 아리스토파네스, 메난드로스 등 탁월한 희극작가들이 활동했고 셰익스피어 또한 비극만큼이나 탁월한 희극들로 이름을 날렸다. 중세와 르네상스마저 저물고 성직자의 힘이 약화되던 무렵 다수의 희극을 남긴 몰리에르는 '웃음'을 통해 부르주아 계급의 전면적인 등장에 대한 조짐을 보여주었다.

셰익스피어의 등장과 활약이 엘리자베스 여왕의 '골든 에이지'를 배경으로 한다면, 17세기 몰리에르의 희곡들은 태양왕 루이 14세의 치세와 밀접하게 연관돼 있다. 비록 백 년 뒤 프랑스 혁명에 의해 몰락하게 되지만 당시는 왕의 권력은 신으로부터 물려받은 것으로 인식될 만큼 절정에 달한 때였고, 상대적으로 귀족들을 견제하려는 움직임도 활발하였다. 귀족과 성직자들에 대한 신랄한 풍자와 조롱을 퍼붓는 몰리에르의 희곡은 왕의 안전한 보호막 속에 창작되고 공연되었다. 귀족으로의 신분상승을 이루기 위해 철학 선생, 춤 선생, 음악 선생, 펜싱 선생을 두어 교양을 쌓기 위해 분투하는 부유한 상인 주르댕의 이야기나(《서민 귀족》), 젊은 자녀들을 부유한 중년 과부나 홀아비 영감에게 결혼시키려는 고리대금업자 아르파공의 이야기(《수전노》) 등은 확실히 사회 저변에 뭔가 작지 않은 변화가 일어나고 있음을 보여준다.

몰리에르의 이러한 풍자극은 당대 많은 사람들을 즐겁게 했던 만큼이나 또 많은 사람들을 불편하게 했을 것이다. 풍자의 대상이 된 사람들, 이를테면 완고한 귀족이나 성직자들이 자신들에 대한 조롱과 비수를 숨긴 연극에 분노했을 것임은 자명한 일이다. 1664년 5월 초연된 〈타르튀프〉가 급진 가톨릭 단체인 '독신자들의 성체회'라는 조직에 의해 공연금지 처분을 당했다가, 소송과 수정작업을 거쳐 5년 뒤 공연과 출판 허가를 받게 되자 몰리에르는 작정이라도 한 듯이 자신의 극을 옹호하는 글을 쓴다. 이 글에 몰리에르가 생각하는 희극의 효과라든가 지향점이 담겨 있다.

사람들의 악덕을 모두의 조롱거리가 되도록 드러내 놓을 때 그 악덕은 큰 타격을 입기 마련이다. 사람들은

비난을 쉽게 감내하지만 조롱에는 그러지 못한다. 못
된 사람이 될지언정 결코 우스꽝스러운 사람이 되고
싶어 하지는 않는다.

이 정도면 영웅들의 오만과 탐욕, 어리석음에 경종을
울리기 위해 참담한 결말로 유도하는 비극 못지않게, 희
극 역시 의미 있는 교훈과 비판을 던지는 효과적인 장르
로 활용될 만하다.

가짜 독신자인 타르튀프의 감춰진 위선을 보지 못한 채
그를 성인으로 떠받드는 귀족 오르공은 자신의 딸인 마
리안까지 타르튀프에게 혼인시키려고 한다. 타르튀프의
위선을 일찌감치 간파한 가족들의 반대에도 불구하고 타
르튀프에게 전 재산을 상속시켜 넘겨주려던 차에 마침내
타르튀프가 결혼한 적이 있는 기혼자이며 온갖 나쁜 짓
을 일삼는 악한 인물임을 알아채고 후회하는 오르공. 그
러나 간교한 타르튀프는 이미 오르공에게도 덫을 놓은
뒤다. 이런 위기의 순간을 바른길로 인도해주는 것은 사
신에 의해 집행되는 왕의 절대 권력이다. 흡사 연극의 끄

트머리에 갑자기 등장해 복잡하게 얽힌 극의 갈등을 일거에 해결해주는 고대 그리스극의 기계신機械神(데우스 엑스마키나)처럼 왕의 권력에 의해 인위적으로 끝맺는 것이 좀 부자연스러워 보인다. 당시 왕권에 어느 정도 위협이 되었던 성체회의 독신자들은 조롱당한 위선자 타르튀프에게서 자신들의 모습을 보았을 것이다. 조롱당한다는 것은 얼마나 견디기 힘든 모욕인가. 몰리에르에게 희극은 그러므로 웃음을 무기로 한 반대파와의 싸움의 방편이었을 터다.

사람들은 위악僞惡을 일삼는 자에겐 동정과 연민을 느끼지만, 위선僞善자들에 대해선 너그럽지 못하다. 위악은 문학과 예술의 재료가 될 수 있지만 위선은 풍자와 조롱의 대상이 될 뿐이다. '조용히 저지르는 건 죄가 아니'라며 오르공의 아내를 몰래 탐하려 했던 거짓 성직자 타르튀프처럼, 몰리에르가 부정적 인물로 그린 이들도 대개 위선자들이다. '진지한 도덕을 아름답게 묘사해 봐야 대개는 풍자보다 효과가 없다'는 것이 몰리에르의 희곡론이자 철학인 셈이다.

파리 페르라셰즈 공동묘지를 파리의 명소로 바꿔놓은
몰리에르의 묘지

위선적 성직자, 호색한, 구두쇠, 딸을 부잣집에 결혼시키려는 아버지 등 몰리에르의 주인공들은 하나같이 '희극적 결함'을 충분히 갖고 있다. 그의 희곡이 술술 재밌게 읽히는 또 다른 이유는 민중극에 영향 받았을 그의 재담 때문이다. 〈타르튀프〉에도 어리석은 오르공에게 직언을 아끼지 않는 현명한 하녀 도린이 입심을 발휘해 극의 분위기를 유쾌하게 끌고 간다. 〈타르튀프〉 뒤에 발표한 〈동 쥐앙〉의 호색한 동 쥐앙의 대사만 봐도 작가의 입심, 혹은 재담의 능력을 충분히 느껴볼 만하다.

> **동 쥐앙** 온갖 찬사를 늘어놓아 아리따운 젊은 여인의 마음을 넘어오게 만들고, 매일 조금씩 관계가 진척되는 것을 확인하고, 항복하기를 꺼려하는 순진하고 순결한 영혼을 열정과 눈물과 한숨으로 공략하고, 여인의 소소한 저항을 철저히 무너뜨려 슬그머니 우리가 원하는 데까지 끌고 가는 것. 거기서 맛보는 즐거움은 그 무엇에도 비길 수가 없어 (…) 하여튼 아름다운 여인의 저항을 꺾는 것만큼 감미로운 일은 없어.

## 프랑스 코미디는 왜 그다지 웃기지 않을까? ————

　그의 희곡사의 위치에도 불구하고 몰리에르는 우리나라에
선 그렇게 널리 읽히거나 무대에 자주 오르는 작가는 아닌 듯
싶다. 몰리에르뿐만 아니라 그와 동시대에 활동한 (〈르 시드〉
의) 코르네유나 (〈페드르〉의) 장 라신의 희곡들 역시 그러하다.
17세기 프랑스 사회의 분위기를 담은 이들 희곡이 쉽게 이해
되거나 공감되지 않아서일 테지만, 비극에 비해 상대적으로
'희극'이 폄하되어 온 점도 무시하지 못할 것이다. 이는 그리
스의 희극에 대해서도 마찬가지다. 최근 임도완이 연출한 몰
리에르 원작의 〈스카팽〉은 그래서 반가운 공연이었다.

　오늘날 프랑스 영화, 특히 코미디 영화를 두고 프랑스인들
만 웃고 즐기는 이상한 영화라고 말하던 한 평론가의 말을 기
억한다. 그러고 보면 자크 타티 같은 탁월한 영화감독, 희극
배우가 있었음에도, 채플린과 버스터 키튼, 로완 앳킨슨 같은
영미 코미디가 지속적으로 인기를 끌어왔던 것과는 대조적이
다. 이런 이면에 몰리에르적 희극 전통이 스며들어 있는지는

숙고할 일이다. 아무튼 몰리에르, 코르네유, 라신 이후 프랑스 연극의 전통은 독일이나 영미 희곡과는 분명 다른 결로 흘러 왔다. 인간의 보편적 성정인 '웃음'에도 분명 시대적, 사회적 배경과 차이가 존재할 터다.

장 밥티스트 포클랭이란 본명으로 1622년 부유한 상인의 집안에서 태어난 몰리에르는 명문 교육을 받았음에도, 당시 천대받는 연극에 관심을 두어 유랑극단을 이끌며 갖은 고생을 한 끝에 탁월한 배우, 연출가, 극작가, 극장 경영자 등으로 이름을 알리게 되었다. 루이 14세의 눈에 들어 왕실 축제에서 연극을 올리는 등 활발히 활동하여 오늘날까지 모두 32편의 작품을 전하고 있다. 그는 왕실뿐만 아니라 프랑스 사람들에게 두루 존경받는 작가였던 모양이다. 나폴레옹의 지시에 따라 파리 시 외곽에 조성된 페르라셰즈 공동묘지가 처음엔 외면받다가, 그의 묘가 이장되며 오늘날과 같은 예술가의 묘지, 유명인들의 묘지가 되었다는 얘기도 전해진다.

먼저,
인간이 돼야
한다는 것

*

G. E. 레싱
〈현자 나탄〉

나탄 l

민족이란 대체 뭡니까?
기독교인이나 유대인은 인간이기 이전에
기독교인이고 유대인인가요?

1779년경 쓰였다는 독일 극작가 G. E. 레싱의 〈현자 나탄〉을 발견한 놀라움은 적지 않았다. 이미 240여 년 전에 기독교와 유태교, 이슬람교가 근본에서는 서로 다르지 않고 각각의 민족과 종교의 상이함에 앞서 우리가 인간됨을 지켜야 한다는 메시지를 던진다는 데에 있어 그러했다. 주로 희곡의 주인공인 유태인 나탄의 입을 통해 '인간됨'의 문제를 거듭 제기하는데, 그가 말하는 '인간'은 결과적으로 종교의 근본주의와 인종적 편견을 넘어선 양심과 도덕의 주체를 의미한다. 어찌 보면 지극히 상식적 수준의 인간을 의미하지만, 굴절된 세상에서는 상당히 높은 수준의 도덕성을 체현한 사람을 일컫는 일이다. 희곡에 가장 빈번하게 등장하는 단어 역시 '인간'이다.

《현자 나탄》은 오래전에 사둔 책이지만 정작 손이 가지 않는 책이었다. 서양 문학을 공부하다 보면 레싱이라는 이름을 비껴갈 수 없어 어떤 작가일까 몹시 궁금하였지만 벌써 2백여 년도 훨씬 전에, 그것도 괴테가 등장하기도 전에 활동한 작가의 책이 선뜻 손에 잡힐 리 없었다. 그러다 우연한 기회에 그가 조형예술(미술)과 문학의 우열에 관해 언급한 유명한 비평서 《라오콘》을 먼저 읽게 되었고, 레싱은 조금 더 가깝게 다가왔다. 계몽주의에 입각해 저술 활동을 펼친 레싱은 괴테를 만든 사람 중 하나다. 변방의 문학에 불과했던 독일 문학을 유럽에 우뚝 세운 데에도 매우 중요한 역할을 한 작가다.

〈현자 나탄〉을 펼쳐 보게 된 직접적인 계기가 있었다. 나치 치하의 수용소를 탈출해 미국으로 망명한 뒤 여러 저술을 통해 유명해진 독일계 유태인 정치철학자 한나 아렌트가 독일에서 '레싱 상'을 수락하며 이 책의 구절을 언급했다는 얘길 듣고는 희곡을 읽지 않을 수가 없었다. 모르긴 몰라도, 한나 아렌트가 상을 수락하며 언급한 부분이 이 장에 인용한 부분과 크게 다르지 않을 것이다. 즉, 우리는 이런저런 종교와 사상의 사도이기에 앞서 보편적인 인간이란 것.

한나 아렌트는 1960년 남미에서 체포된 아우슈비츠 수

용소의 집행자 아이히만의 재판 과정을 가까이서 지켜보며 유명한 '악의 평범성'이라는 개념을 끄집어냈다. 그가 관찰하기에, 아이히만에게서 우리가 흔히 떠올리는 어떠한 악, 악인의 느낌을 발견할 수 없었다. 아이히만을 그저 평범하게만 느꼈다는 것이다. 자신은 오로지 나치라는 관료 체계의 한 부분으로 상부의 명령에 복종했을 뿐이며 그 체제에 대한 저항은 불가능했다는 것이 자신을 변호하는 아이히만의 주장이었다. 여기서 한나 아렌트는 아이히만의 죄는 그가 하나의 인간으로서, 즉 '사유하는 주체'인 인간으로서의 본질과 위엄을 망각한 것이라 말한다. 〈현자 나탄〉에 등장하는 다음 구절도 이에 연결될 것이다.

> 수사  모르겠는데요. 저는 그저 순종할 따름입니다. 기사님.
>
> 신전 기사  그렇다고 생각하지 않고 순종하십니까?
>
> 수사  그러지 않고서야 순종이라고 할 수 있나요, 기사님?

〈현자 나탄〉의 무대인 예루살렘.
기독교와 이슬람교, 유대교가 공존해온 도시

한나 아렌트의 주제, 아니 아우슈비츠를 겪은 독일과 유럽의 문제의식이 이 연극에 닿아있어서일까, 〈현자 나탄〉은 전후 독일에서 꽤 자주 상연되었다. 역사적 배경이나 그 분위기를 해득하기 어려운 까닭인지, 혹은 그 두꺼운 분량 때문인지 우리나라에서는 이 연극의 상연 소식을 쉽게 접할 수 없었다. 이 작품은 어쩐지 무대에 올리기보다 읽기에 좋은 희곡으로도 여겨진다. 어마어마한 두께의 괴테의 《파우스트》가 곧이곧대로 무대에 올려질 것이라 상상할 수 없듯이, 이 희곡도 제법 두꺼운 데다 사변적이고 관념적인 철학/신학 논쟁이 많이 등장해 텍스트 그대로 무대에 올리긴 쉽지 않을 것이다.

이 작품은 줄곧 참다운 신앙이란 것, 또 인간의 삶에 진정 필요한 것이 무엇인가에 대해 질문을 던진다. 예루살렘에 사는 현인 나탄은 '가장 하찮은 것은 부요, 가장 귀한 것은 지혜'라는 생각을 거듭 설파한다. 희곡에서 나탄이 이슬람의 지도자 살라딘 왕에게 던지는 유명한 '반지의 우화' 역시도 이러한 생각들을 함축한 것이다. 그의 지혜로운 생각과 언변 앞에 (이교도인) 이슬람교의 수장인

살라딘 왕이나 기독교를 위해 목숨을 건 신전 기사 등이 모두 탄복해 무릎을 꿇는다.

우연히 예루살렘이라는 상징적 도시에서 맞부딪치게 된 세 종교 중 가장 편파적이고 독선적인 종교로 기독교가 설정된 것도 의미심장하다. 결과적으로 이 작품은 기독교의 독단과 독선에 대한 비판을 또 다른 축으로 삼고 있다. 이슬람 세계를 대표하는 십자군 전쟁의 수장 살라딘 왕, 유태인을 대표하는 현자 나탄에 비해 기독교를 대표하는 예루살렘 대주교를 부정적 인물로 등장시킨 것도 이러한 까닭이다.

희곡이 창작된 배경이 이를 입증할 것이다. 당시 레싱과 대립했던 괴쩨라는 교조적 신학자와의 논쟁으로 레싱의 저서가 핍박받자, 희곡으로 자신의 생각을 개진하고자 한 것이 이 작품의 탄생 배경이다. 독선에 찬 예루살렘 대주교의 모습에 자신의 사상적 대립자인 괴쩨의 모습을 얼마간 투영했을 것이다. 중세를 넘어 근대로 향하던 시기, 아직 신의 그림자가 폭넓게 지배하고 있을 당대에 신의 본질, 신과 인간의 관계를 묻는 작가의 용기는 실로 얼

십자군전쟁을 승리로 이끈 이슬람 세계의 영웅 살라딘 왕 동상.
시리아의 수도 다마스쿠스 도심에 세워져 있다

마나 대단한 것이었던가.

레하 "그분이 자신의 신을 위해 싸운다"고 하는데 신이

누구의 소유인가요? 한 인간의 소유가 되고 인간으

로 하여금 자신을 위해 싸우게 하는 신이란 대체 어

떤 신인가요?

레싱의 〈현자 나탄〉을 집어 들게 된 또 다른 이유가 있다. 지금은 가기 힘든 땅이 되어버린 시리아를 오래전에 여행한 적이 있는데, 그 수도인 다마스쿠스의 도심 한복판에서 살라딘의 동상을 마주한 적이 있다. 이슬람 세계가 최고의 영웅으로 삼는 살라딘. 서구는 '패배'로 기록하는 십자군 전쟁에서 '승자'로 기록된 (그리하여 기독교 세계의 공적으로 규정된) 영웅 살라딘. 바로 그 '살라딘'이라는 이름이 희곡을 집어 들게 했다. 누군가의 패배는 누군가의 승리이며 누군가의 수괴는 누군가에겐 영웅이 된다. 증오와 폭력을 그 동력으로 하는 역사의 편 가르기 속에서, 민족과 국가를 내세우는 민족주의, 애국주의의 이데올로기 속에서 현명한 판단을 하기란 무척 힘들다. 민족과 국가, 종교, 인종을 뛰어넘어 사유하는 보편적인 '인간'이 되기란 그토록 어려운 것일까?

〈현자 나탄〉과 함께 유럽 무대에 자주 오르는 레싱의 희곡으로 〈에밀리아 갈로티〉가 있다. 폭군이자 탕아인 구아스탈라의 영주 곤짜가가 우연한 기회에 에밀리아라는 평민 처녀에게 반해 수단과 방법을 가리지 않고 그녀를 취하려 하지만, 굳건한 도덕을 추구하는 에밀리아의 부친 오도아르도가 딸의 순결과 명예를 지키기 위해 끝내 에밀리아를 칼로 찔러 죽이는 비극을 일으킨다. 일종의 명예살인일 터인데, 부당하고 사악한 공권력에 대항할 만한 힘을 갖지 못한 이들이 이에 맞서 취한 행동인 까닭에 문제적인 비극 작품으로 승화된다. 단 두 편의 희곡작품만으로 레싱은 희곡사의 거장이 되었다. 도덕과 인간성 문제를 심도 있게 제기하고, 권력에 저항하는 인물들을 탁월하게 창조한 작가의 역량은 오늘에도 그 작품들을 살아 숨쉬게 만든다. 나치의 악몽을 겪은 독일과 유럽이 레싱의 희곡을 거듭 무대에 소환하는 이유일 터다.

복잡한 역사적 지식이 선행되어야 하는 까닭인지, 다루는 철학적 내용과 문제의식이 다소 깊고 어렵게 느껴지는 까닭인지, 혹은 이슬람에 우호적이고 기독교에 비판적인 내용이 여전히 낯설어선지 우리 무대에서는 〈현자 나탄〉의 공연 소식을 접하기는 쉽지 않다.

혁명은 무엇이며
어디서 와서
어디로 가는가

＊

G. 뷔히너
〈당통의 죽음〉

당통 |

우리가 혁명을 만든 게 아니라,
혁명이 우리를 만들었어.

혁명의 과정과 역사를 다룬 책들은 일단 재밌다. 역사 서이기에 앞서 픽션처럼 읽힐 때가 많다. 급진적이거나 온건하거나 절충적인 다양한 정치세력들이 갈등하고 투쟁하는 가운데, 커다란 정치적 격변을 겪는 극적인 사건이 펼쳐진다. 그 사건을 주도적으로 지휘하고 연출한 영웅(프로타고니스트)과 그에 맞서는 적대자(안타고니스트)들이 드라마처럼 얽히기 마련이다. 러시아 볼셰비키 혁명의 긴박했던 날들을 다룬《세계를 뒤흔든 열흘》이나 중국 혁명의 밑바탕이 된 대장정을 밀착해 취재한《중국의 붉은 별》같은 르포 작품들이 여전히 빛이 바래지지 않고 읽히는 이유도 혁명의 역사적 의미나 교훈을 떠나 일단 '재미있기' 때문일 것이다.

이들 20세기의 혁명들에 앞서 인류의 가장 큰 정치 혁명으로 기록된 1789년 프랑스 대혁명의 과정도 흥미진진하게 읽힌다. 사실 이 혁명을 '흥미진진하다'고 표현하기가 꺼려지는데, 너무 많은 피를 쏟은 데다 너무 긴긴 세월을 폭력과 공포의 시간으로 보낸 탓이다. 왕권과 왕당파를 무너뜨리고 민중의 정부를 세우려 했던 혁명의 흐름은 반혁명과 혁명, 다시 반혁명이 이어지면서 거의 백여 년 이상을 끌었다. 그런 프랑스 혁명이 처음 불붙은 사건이 1789년 바스티유 감옥의 습격이었고, 이를 이끈 혁명의 초기 지도자가 뷔히너의 희곡에 등장하는 두 인물, 조르주 당통과 막시밀리앙 로베스피에르다. 이들은 왕정 폐지와 공화정 수립, 루이 16세의 처형까지 뜻을 같이해 온 자코뱅당의 동지였으나 계속되는 로베스피에르의 공포정치에 당통이 이탈하면서 차츰 갈라서고 대립하게 된다. 혁명 뒤에도 공안위원회를 통한 단두대의 처형이 계속되자 이에 회의를 느낀 당통과, 혁명의 최종 완성을 위해 모든 수단을 동원해야 한다는 로베스피에르 사이에는 넘기 힘든 강이 놓인다. 뷔히너의 〈당통의 죽음〉이 시작되는 것도 이 지점, 1794년 초 무렵이다. 온건파와 강경파의 피비린내 나는 대립과 반목은 현실을 바라보는 관점에 의해 격화된다. 작품의 압권도 희곡 앞부분에 펼쳐지는, 두 지도자의 비타협적인 논쟁과 돌이킬 수 없는 결별의 장면이다. 찔러 피 한 방울 나올 것 같지 않은 로베스피에르와 허무주의에 빠진 당통 사이의 격론은 한 구절 한 구절 날 선 긴장감을 자아낸다.

> **로베스피에르**  자네한테 말해 두겠는데, 내가 칼을 빼 들 때 내 팔을 막는 자는 다 내 적이야. 그자의 원래 의도가 뭐든 상관없이 말이야. (…)
>
> **당통**  정당방위가 끝나는 지점에서 살인이 시작되는 거야. 나는 우리가 왜 사람들을 더 죽여야 하는지 모르겠어.
>
> **로베스피에르**  사회 혁명은 아직 끝나지 않았어. 혁명 과업을 절반밖에 완수하지 못한 자는 자기 자신의 무덤을 파게 돼. 상류 사회는 아직 죽지 않았어. 온갖 못된 짓을 저지르는 상류 계급 대신에 건전한 민중 세력이 들어서야 돼.

모든 혁명의 역사는 피의 역사이자 논쟁의 역사이기도

하다. 혁명은 엄청난 피를 흘린 만큼 무수한 말과 담론을 남긴다. 당통에 의하면 로베스피에르는 '언제나 단정한 옷을 입고', '술에 취한 적도 없'으며 '여자들과 잠자리를 함께한 적도 없'는 반듯하기만 한 사람이다. 로베스피에르의 이러한 극단적 결벽성에 대해 당통은 '나 같으면 삼십 년 동안이나 한결같이 도덕적인 얼굴로 하늘과 땅 사이를 돌아다니는 게 부끄러울 것 같'다며 그를 비난한다. (금연과 금주, 채식 등 꽤 금욕적인 생활을 고집했다는 히틀러의 얼굴도 여기 겹친다.) 그에 대한 반발일까, 아니면 혁명에 대한 체념과 허무의 표현일까, 당통은 노름과 창녀들 틈에 빠져 기행을 일삼는다. 당통은 목을 조여 오는 반대파의 위협에 두려움을 느끼면서도 '남을 단두대에 보내기보다는 차라리 스스로 단두대에서' 처형당하겠다고 공공연히 말하며 잘못된 길을 가고 있는 혁명에 회의와 절망, 울분을 토로한다. 당통이 생각하는 혁명의 완성은 어떤 것이었을까?

**당통** (카미유에게) 제발 나보고 진지해지라고는 요구하지 말아 주게! 나는 알다가도 모르겠어. 왜 사람들이 거리에서 멈춰 서서 서로 얼굴을 마주 보며 웃지 않는지를. 내 말은 사람들이 창밖을 내다보며 웃고, 무덤에서도 웃어야 한다는 거야. 하늘도 폭소를 터트려야 하고 땅도 포복절도해야 한다는 거야.

D. H. 로렌스의 말, "혁명을 하려면 웃고 즐기며 하라. 소름 끼치도록 심각하게는 하지 마라. 너무 진지하게도 하지 마라. (…) 사람들을 미워하기 때문에는 혁명에 가담하지 마라"라는 말은 이미 뷔히너의 희곡 속, 당통에 의해 먼저 발언되고 있다.

그러나 근현대의 어떤 혁명사에도 당통 같은 허무주의자, 위악과 냉소를 일삼고 다가오는 죽음을 무기력하게 기다리는 혁명가를 만나긴 쉽지 않다. 그들은 필패하는 사람들이다. 실제로 역사 속의 당통이 뷔히너가 그린 만큼 그토록 무기력하고 낭만적인 사람이었는지도 의심스럽다. 로베스피에르 역시 인간적 고뇌라곤 전혀 없는 냉혈한이기만 했을까? 당통과의 논쟁이 결렬된 뒤 그를 처단할 결심을 굳히면서도 로베스피에르는 '혹시 그들의 말이 옳은 게 아닐까?' 하고, 흡사 햄릿이 되뇌었을 것 같은 긴 독백을 읊조리며 괴로워한다. 로베스피에르의 고뇌도 틀림없이 작지 않았으리라. 그들은 모두 잔뜩 겁을 먹은 채, 일찍이 인류가 한 번도 시도해보지 못한 역사적 실험을 향해 천천히 걸어갔으리라.

현실의 혁명은 어쨌거나 낭만적일 수는 없는 일이다. 끝내 1794년 4월 5일, 당통이 단두대에 목이 잘리며 희곡은 막이 내리지만 로베스피에르 역시 석 달 뒤인 1794년 7월 단두대에 처형되는 운명을 맞았다. 당통의 동지로 그와 같은 날 처형된 라크루아가 단두대 앞에 모여든 군중에게 내뱉은 말, "여러분은 이성을 잃어버린 날에 우리를 죽이지만, 이성을 되찾은 날엔 저들을 죽일 겁니다"라던 희곡 속 예언은 정확히 실현된 셈이다. 사람들이 만들어낸 혁명은 종종 사람들로 하여금 길을 잃게 만든다. 혁명은 종종 누구도 예상 못 한 길로 역사의 물길을 끌고 가기도 한다.

파리 시내에서 만난 당통의 동상

## 천재라는 말이 어울리는 작가, 뷔히너 ─────────

1813년 태어나 1837년 24세의 나이로 세상을 떠난 게오르크 뷔히너에게만큼 '천재'와 '요절'이라는 말이 어울리는 작가는 없을 것이다. 짧은 생애 동안 단 세 편의 희곡과 한 편의 장편소설을 남겼지만, 독일 문학에 그가 남긴 족적은 어마어마한 것이어서 독일 현대 연극의 아버지라고까지 불린다. 그의 이름을 딴 게오르크 뷔히너 상은 오늘날 독일어권에서 가장 권위 있는 문학상으로 유지되고 있을 정도다. 그의 출세작이 된 것이 〈당통의 죽음〉이고 그의 미완성 유고로 남은 작품이 다음에 이어지는 〈보이체크〉다. 그의 가족들이 하나같이 대단한 작가이자 정치가, 의사들이었듯이 뷔히너 역시 급진적 진보 단체의 활동으로 이웃 나라 스위스로 망명해야 했던 진보적 작가였고 취리히 대학에서 '해부학 실습'을 상의할 정도로 장래가 촉망되는 의학자이기도 했다.

뷔히너의 대표작인 된 〈당통의 죽음〉과 〈보이체크〉는 그때까지의 희곡들에 견주어 상당히 혁신적인 작법을 보여준다.

현대 연극의 한 출발점으로도 여겨지는 〈보이체크〉는 물론, 이 작품 〈당통의 죽음〉 역시 긴밀하게 짜인 기승전결의 전통적 플롯에서 다소 벗어나 있다. 군주주의자였던 부친을 상당히 어려워했던 뷔히너는 일찌감치 자유주의에 도취돼 지난 세기 프랑스 혁명사에 관심을 갖고 자신의 생각을 어느 정도 이 희곡에 투영했을 터다. 역사에서 소재를 취해서였을까, 이 희곡 역시 허구의 갈등과 사건보다 비교적 역사적 사실에 기반을 두고자 하는 자세를 취한다. 그럼에도 당통의 염세적 성격이나 행동, 주변 인물들의 묘사에 많은 각색과 창작이 끼어들었을 것이다. 프랑스 혁명사에 대한 지식이 있다면 조금 더 쉽게 몰입할 수 있겠지만, 그렇지 않더라도 희곡이 말하고자 하는 바를 어렵지 않게 파악할 수 있을 것이다.

〈대리석의 사나이〉, 〈재와 다이아몬드〉 등의 영화로 유명한 폴란드 감독 안제이 바이다가 연출하고 제라르 드빠르디유가 당통 역을 맡은 영화가 모르긴 몰라도 이 희곡에 바탕을 둔 것이리라. 단두대에 싹둑 잘린 당통의 목이 데구루루 굴러 바구니에 담기는 장면과 함께 영화는 간결하게 끝을 맺었다. 정치 의식이 높았던 안제이 바이다 감독이 당통과 로베스피에르를 소환해 말하고 싶었던 메시지는 무엇일까.

우리나라에서도 〈당통의 죽음〉은 심심찮게 무대에 오르는 것으로 안다. 암울했던 군사독재 시절인 1983년에 〈단톤의 죽음〉이란 제목으로 초연되었고 이후에도 종종 상연되었다. 뷔히너 탄생 2백 주년이던 2013년에 예술의전당에서 상연된 〈당통의 죽음〉을 보았다. 루마니아 출신 연출가에 박지일 등의 배우가 출연한 연극에서 무대 바닥 위에 목만 빼곡 내놓은 당통과 동지들의 잘린 목의 이미지가 오래 기억에 남는다.

# 19세기 초.
# 유럽의
# 내면 풍경

*

G. 뷔히너
〈보이체크〉

보이체크 |

하느님은 왜 태양을 꺼버리지 않으실까?

변두리 도시에 사는 가난한 말단 병사인 보이체크는 부대에서도 여기저기 불려 다니며 놀림을 당하고, 의욕 넘치는 의사의 알 수 없는 실험에 자신의 몸을 실험용으로 쓰도록 해 돈을 번다. 보잘것없고 눈에도 안 띄는 계급을 대표하는 사람이다. 그런데 그에게는 누가 봐도 아름답고 매력적인 연인 마리가 있고 둘 사이에서 난 사생아도 있다. 차츰 마리가 문란한 생활을 하고 있다는 소문이 퍼지자 보이체크는 점점 의심과 질투에 휩싸인다. 어느 날 마을 축제에서 그런 현장을 직접 목격하게 된 보이체크. 분노하고 낙담한 이 얼치기 병사는 무슨 짓을 저지르게 될까?

> **보이체크** 하느님은 왜 태양을 꺼버리지 않으실까, 사내
> 와 계집, 수컷과 암컷 할 것 없이 모든 게 저렇게 문
> 란하게 부둥켜안고 돌아가는데?! 벌건 대낮에 그 짓

을 하다니, 손바닥 위에서도 그 짓을 하는 모기처럼! (…) 저 녀석이 마리를, 마리 몸을 더듬고 있잖아! 내가 처음에 그랬듯, 저놈이 그녀를.

〈보이체크〉는 전혀 새로운 희곡 작품이다. 셰익스피어는 물론, 레싱이나 실러의 작품을 보아도 〈보이체크〉 이전에 이렇게 쓰인 희곡을 찾거나 기억해낼 수 없다. 막의 구분 없이 한 개의 장이 책의 한두 페이지가 안 될 만큼 짧다. 등장인물 간의 성격이 부딪치고, 행동과 사건으로 갈등이 폭발하는 스토리 대신 파편 같은 장면들이 느슨하고 자잘하게 이어져 충돌한다. 모두 27개의 장이 영화의 몽타주처럼 편집돼 붙어있다. 희곡의 지문도 시대 배경이나 구체적 장소와 상황, 인물들의 행동에 대한 자세한 언급을 피하고 있다. 희곡이되 꽤 시적이고 다소 난해하다. 이걸 어떻게 무대에 형상화해야 할까? 희곡의 지문과 지시에 갇힌 연출가에겐 당황스러운 작품일 테고 솜씨 좋은 연출자에겐 영감을 북돋우는 희곡일 터다. 그만큼 창조적으로 해석하고 펼쳐갈 여지가 무궁무진하단 것이다. 그래서일까, 이 연극은 무용이나 뮤지컬 등 인접 장르에서도 줄곧 사랑받아 왔다.

이 희곡은 뭐랄까, 많은 부분이 모호한 것투성이다. 선과 악이 분명해 확실한 교훈을 던지던 이전 연극들과 달리 이 희곡은 많은 것이 불분명하다. 군인이 본업인 듯 보이는 보이체크의 직업도 모호하고, 헛것을 보고 환청을 듣는 그의 감각이나 정신 상태도 모호하다. 그가 마리와 맺고 있는 관계도 모호하고 그가 마리를 죽이는 이유나 동기도 그다지 명명백백하지 않다. 이 모호함이 어쩌면 이 희곡을 현대 희곡의 효시로 보는 이유이기도 할 터다. 이러한 모호함은 희곡이 배경으로 삼고 있는 당대 독일, 혹은 유럽 사회의 혼란을 고스란히 드러내 보이기도 한다. 〈당통의 죽음〉이 그린 프랑스 혁명을 통해 낡은 시대와의 단절을 꾀하긴 했지만, 아직 시민사회는 성숙하지 않은 상태다. 극 중의 의사가 대표하듯 과학에 대한 희망과 열정은 끓어오르고 있지만 뭔가 확실한 발견이나 진전이 이루어진 것도 아닌 막연한 동경만 넘치는 시대다. 신을 추방한 자리에 그를 대체할 막강한 무엇이 아직 자리 잡지 않았다. 그래서 희곡의 주인공들은 여전히 하나님을 찾기도 하고, 그 반대로 과학의 힘에 과도한 기대를 걸곤 한다. 이러한 모호함을 극명하게 상징하는 공간이 도시도 아니고 깊숙한 자연이라고도 할 수 없는 그 중간 지대인 '들판'이다. 희곡이 시작되는 곳도 들판이고 희곡에서 살인 같은 극적인 일들이 벌어지는 공간도, 멀리 도시가 보이는 들판이다. 희곡의 모호함은 작가 뷔히너가 24세에 요절하여 미완의 원고로 남겨짐으로 해서 더 굳건히 완성된다.

연극 전체가 한바탕의 몽롱한 꿈을 꾸는 듯싶은데 다음과 같은 구절을 읽으면 논리가 실종된 정신분열증적인 세계, 20세기 부조리극을 예견하는 듯 종잡을 수 없는 횡설수설이 들린다.

견습공1 내 영혼, 내 영혼에선 브랜디 냄새가 나! 돈도 결국 썩게 마련이지! 날 잊지 마요! 세상은 얼마나 아름다운가! 이봐, 난 서러워서 빗물 통이 차도록 울지 않을 수 없어. 우리 코가 술병 두 개라면 좋겠어.

독일 라이프치히 인근의 들판.
들판은 희곡 〈보이체크〉에서 매우 중요한 의미를 가진 공간이다

서로 목구멍에 술을 부어줄 수 있게.


　희곡 〈보이체크〉가 혁명적인 이유는 이런 형식적인 면 외에도 또 있다. 비로소 〈보이체크〉에 와서 연극사는 보통 수준의 주인공, 아니 보통 이하 신분의 주인공을 갖게 된다. 프롤레타리아가 주인공으로 등장하는 최초의 연극이라 정의하는 이도 있다. 이는 왕이나 귀족들이 주인공이던 신고전주의나 낭만주의의 사조를 지나 일반인, 농부, 노동자들이 그림 속 주인공으로 등장하는 밀레나 인상파 등의 미술 사조와 궤를 같이하거나 조금 앞선 것이리라. 이 희곡은 실제로 1821년 전직 군인이자 이발사인 J. C. 보이체크란 사람이 자신보다 다섯 살 많은 과부를 흠모하다 살해해 1824년 라이프치히 시청사 앞에서 공개 처형당한 사건을 연극화한 것이다. 그 사건에 대해 당시 독일사회가 몹시 술렁였던 모양이다. 그를 정신착란자로 볼 것인지 악한으로 볼 것인지 논쟁이 있었고, 당시 진보적 지식인이자 작가, 의학도였던 뷔히너에게도 적잖은 호기심을 불러일으킨 모양이다.

이 작품의 무시 못 할 특징 중 하나는 과학이 어쨌든 세상을 구원해줄 거라는 희망과 그에 대한 맹신이 작용한다는 것이다. 계몽주의에 반발해 이성의 지배력을 부정해온 낭만주의는 아이러니하게도 과학에 대해 더욱 맹신하는 태도를 보이기도 했다. 뷔히너의 희곡이 낭만주의로 분류될지는 알 수 없으나, 희곡 곳곳에 과학에 의한 세상의 진보를 희망하는 암시와 바람을 발견할 수 있다.

> **호객꾼** 이들(동물들)에겐 동물적 이성이 있고, 이성적 동물성도 있어요. 이들은 인간처럼 우둔하지 않습니다. 존경하는 관객 여러분을 제외하고 말입니다. (…) 여러분은 문명의 진보를 보실 겁니다. 모든 게 진보하지요. 말도, 원숭이도, 카나리아도! 원숭이는 벌써 군인이 되었지만, 아직 멀었지요. 인간의 가장 낮은 단계에 지나지 않으니까요!

## 새로운 연극의 조짐, 혹은 시작

1835년 집필된 〈당통의 죽음〉이 한참 시간이 흐른 뒤인 1902년 베를린에서 초연됐듯이, 이듬해 1836년 완성된 〈보이체크〉역시 거의 80여 년이 흐른 뒤인 1913년 뮌헨에서 처음 상연되었다. 19세기 내내 두 연극 모두 사상적으로는 급진적이고 형식적으로는 전위적인 것으로 받아들여졌을 터다. 두 희곡을 완성한 뒤인 1837년, 작가 뷔히너는 스물네 살의 나이로 '요절'했다. 〈보이체크〉는 희곡의 마침표를 찍지 못한 미완의 상태였다. 그토록 짧은 생애, 거의 이 두 편의 희곡만으로 그는 독일과 유럽 연극사에 가장 중요한 작가로 남았다. 〈보이체크〉는 특히 우리에겐 몰라도 독일을 비롯한 유럽에서는 꽤 자주 무대에 올라가는 작품으로 안다.

이 희곡은 연극의 스토리나 주제는 차치하고라도 당대 유럽의 사상적, 심리적 풍경을 잘 보여주는 작품으로도 읽힌다. 계몽주의가 지핀 프랑스 혁명이 휩쓸고 간 자리에 탄생한 낭만주의는 이성의 기획에 불신을 품으면서도 한편으로는 과학기술 발달에 잔뜩 기대를 품는 아이러니를 보여 왔다. 산업혁명은 세상을 근본적으로 바꾸어 놓고 아시아와 아프리카의 식민지는 더욱 넓어지고 있으며 사진술 같은 기술이 발명돼 생활 전반에 큰 변화가 초래될 조짐을 보이던 발견과 발명의 시대였다. 괴테, 실러에 이어 마르크스, 베버, 니체 같은 사상가들이 등장할 터였다. 〈보이체크〉를 그런 조짐과 흐름 속에 읽는 일은 흥미롭다. 그 세기에 대한 분열적 작품으로 읽었다 하면 크게 잘못 읽은 것일까?

국내에서는 연출가 임도완이 이끌며 피지컬시어터를 표방하는 '사다리움직임연구소'가 〈보이체크〉를 고정 레퍼토리로 이어가고 있어 종종 무대에서 만날 수 있다. 소품이자 무대장치가 되는 열한 개 나무의자를 활용해 독특한 쓰임과 비주얼을 만들어내고, 배우들의 신체 표현과 앙상블에 짧고 암시적인 희곡 대사가 꽤 시적으로 읽힌다. 2003년에서 2004년 예술의 전당 토월극장에 올려져 그해 주요한 상을 휩쓸다시피 한 박지일 주연의 〈보이체크〉도 기억할 만한 공연이었다. 김호정, 윤주상, 남명렬 등의 배우들에 러시아 연출가의 연출 솜씨도 돋보였던 공연으로 기억한다. 19세기 초 탄생한 희곡 〈보

이체크〉는 오늘날 무대 위에서 만나도 여전히 전위적으로 읽

힌다.

제발
숨 막혀,
인형이
되긴

\*

H. 입센
〈인형의 집〉

노라 |

나는 시작할 거예요.

나는 사회가 옳은지 내가 옳은지 밝힐 거예요.

19세기 후반 노르웨이의 한 도시에서 벌어진 노라라는 여성의 가정 내 작은(?) 반란을 가상으로 다룬 희곡 〈인형의 집〉이 미친 영향력은 결코 작지 않았다. 희곡, 혹은 연극사상 이처럼 사회에 많은 논란과 영향을 불러일으킨 작품을 떠올리기도 힘들다. 이 작품은 비슷한 시기, 노르웨이에서 멀지 않은 러시아에서 간발의 차이로 먼저 쓰인 톨스토이의 《안나 카레니나》를 호출한다. 입센이 당대 유명했던 대문호의 소설을 읽었는지는 알 수 없다. 물론 두 작품은 내용이나 전개, 분량, 무엇보다 장르 자체부터 다르다. 어마어마한 두께의 《안나 카레니나》는 불가항력의 사랑에 빠져 운명에 저항하려던 비극의 주인공 안나의 파멸을 다층적 차원에서 차근차근 그려가지만, 한 집안의 거실에서 길지 않은 시간 벌어진 사건 아닌 사건을 다룬 〈인형의 집〉은 자신의 존재를 자각해 가출을 결심하는 주인공 노라의 심리적 변화를 다루고 있다. 하지만 두 여성 주인공이 세상을 향해 벌이는 몸부림은 비슷하게 읽히는 구석이 있다. 이들보다 조금 먼저 발표된 플로베르의 《마담 보바리》까지 포함해 19세기 중후반에 이런 여성들, 이런 움직임이 꾸준히 감지되고 있다. 계몽에 소외돼 있던 여성이, 더 이상 남성에 의존하지 않고 스스로 계몽의 주체로 우뚝 서고자 하는 싸움이 곳곳에서 벌어지고 있는 것이다. 그리스 비극 〈메데이아〉의 분노에 찬 복수심이 이제는 계몽과 이성의 눈을 갖게 된 것이다.

노라의 남편 헬메르는 안나 카레니나의 남편 카레닌보다 겉보기엔 훨씬 자상해 보인다. 그러나 두 사람은 공히 체면과 사회적 시선을 중요시하는 사람들이며 자신의 배우자를 일종의 '소유물'로 인식한다는 데에 공통점을 지닌다. 특히 헬메르는 부인 노라를 종달새, 다람쥐 등으로 부르며 배우자에 대한 그의 인식을 은연중에 드러낸다. 사교계에 소문이 돌면서 아내를 의심하는 카레닌에게 안나가 비장한 말투로 소문이 사실이며 자신은 더 이상 남편을 사랑하지 않는다고 선언한 것을 보면, 안나가 노라보다 훨씬 대담한 여성 같다. 남편의 위선을 알아차리며 자신이 한낱 남편의 장난감, 인형에 불과했음을 알게 된 노라가 여행 가방을 들고 집을 나가겠다 선언하고 문을 박차고 나서지만, 노라의 이런 행동은 당대는 물론 오늘날까지도 줄곧 의심을 받아왔다. 그녀의 가출, 그녀의 반란은 성공할 수 있을까? 요컨대 2004년 노벨문학상을 받은 오스트리아의 여성 소설가 엘프리데 옐리네크는 노라의 독립이 결국 실패로 돌아가는 이야기를 소설로 그린 바 있다. '사회가 옳은지 내가 옳은지 밝힐 거'라며 짐을 싸는 노라, 자신을 교육할 사람은 더 이상 남편이 아니며 교육은 '내가 혼자 해야' 하는 일이라 말하는 노라. 그렇게 집을 나간 노라는 어떻게 되었을까? 안나처럼 모든 것에 실패해 달려오는 기차에 몸을 던지게 되었을까? 이처럼 희곡 뒤 이어질 일이 더 궁금한 이야기, 이에 대한 다양한 가정과 상상이 가능한 열린 결말의 희곡도 달리 없을 것이다. 한편으론 짧은 시간, 단순한 사건을 통해 결행되는 노라의 저항이 하나의 '해프닝'으로 보일 만큼 미덥지 못한 측면도 있다.

무엇보다 작가 입센의 당시에도 이 작품의 결말을 비

난하는 비평이나 기사가 쇄도했고, 결말을 수정해달라는
수많은 요구들이 있었다. 입센 스스로도 독일에서의 공
연을 위해 결말을 다음과 같이 고쳐 쓰기도 했다. 이 수정
대본에서 노라는 집을 나서지 못하고 주저앉는다.

**헬메르**  보시오. 저기에 아이들이 아무 근심 없이 평화
롭게 자고 있소. 내일, 그들이 깨어나서 엄마를 부를
것이오. 그러면 그들은 엄마가 없는 아이들이오.

**노라**  (온몸을 떨면서) 엄마가 없다고!

**헬메르**  당신이 과거에 엄마가 없었듯이 말이오.

**노라**  (번민에 빠져 여행 가방을 떨어뜨리고 말한다) 오, 나는
나 자신에게 죄를 짓고 있어요. 하지만 아이들을 떠
날 수는 없어요. (문 앞에 절반쯤 주저앉는다)

**헬메르**  (기뻐한다. 하지만 조용한 목소리로) 노라!

당대 엄청난 센세이션을 불러일으키며 이후에도 양성
평등, 여성 해방에 관한 대표적 작품으로 거론되는 작품
임에도 불구하고 희곡 자체만으로 보면 그다지 재미있게

읽히진 않는다. 한 편의 연극, 혹은 이보다 호흡이 긴 장편영화나 대하소설에서조차 어떤 한 사람이 대오각성해 전혀 다른 사람으로 거듭나는 스토리들에 대해 쉽게 공감하기 어려운 까닭이다. 사람이란 그렇게 쉽게 바뀌는 존재가 아니란 생각 때문인지, 〈인형의 집〉 앞부분과 후반부의 노라나 헬메르가 종종 너무 다른 사람처럼 여겨진다. 일련의 사건들이 이어짐에도 불구하고 희곡 종반에 너무 무게가 많이 가 있는 점도 희곡의 완성도에 고개를 갸웃하게 만든다. 노라의 대오각성을 위해, (물론 현실에도 이런 다혈질의 캐릭터는 존재하겠지만) 남편 헬메르는 완전히 상반된 태도를 불과 일이십여 분 만에 연기해야 한다. 그뿐만 아니라 노라와 헬메르 사이를 이간해 문제를 일으키는 크로그스타드가 다른 대안을 찾아내 협박을 포기하는 변신 또한 작위적으로 읽힌다.

그럼에도, 이 작품만큼 당대 사회에 엄청난 영향을 미친 희곡도 달리 없을 것이다. 오늘날 '데이트 폭력'에 관한 공익광고가 우리네 공중파를 탈 만큼 남녀가 평등하다는 생각은 상식 아닌 상식이 되었다. 그럼에도 사회 곳

곳, 심지어는 사회 지도층에서조차 어처구니없는 시대 착오적 차별의 시선을 접하게 된다. 그 수준을 넘어 이제 '젠더 감성'을 갖추고 살아야 할 시대다. 그런데 얼마나 많은 헬메르가 우리 시대, 우리 주변에도 여전히 별생각 없이 살고 있는가?

> **헬메르** 아, 불쌍한 작은 노라. 다 알아. 당신은 내가 당신을 용서했다는 걸 믿을 수 없는 거지. 하지만 나는 용서했어. 맹세하는데, 나는 당신을 모두 용서했어. (…) 당신이 스스로 제대로 행동하지 못한다고 내가 당신을 덜 사랑할 것 같아? 아니, 아니, 그렇지 않아. 나에게 기대면 내가 당신에게 충고를 해 주고 인도하겠어.

노르웨이 수도 오슬로의 국립극장 앞에 세워진 헨리크 입센의 동상.
그에 대한 노르웨이 사람들의 자부심이 느껴진다

북유럽의 문학 전통은 서유럽에 비해 좀 뒤져 보이지만 오늘날에는 결코 만만치 않은 영토를 구축한 형국이다. 북유럽 스릴러와 코믹한 픽션들은 오늘날 가장 많이 읽히는 책들을 배출하고 있다. 그러한 북유럽 문학의 아버지로 별 이견 없이 노르웨이 작가 헨리크 입센을 꼽는다.

오늘날의 스릴러나 코믹한 작품과 달리 입센은 리얼리즘에 입각한 꽤 진지한 사회극을 주로 발표한 극작가이고 그 작품들은 당대 사회에 많은 영향을 미쳤다. 부유한 집안에서 태어났으나 어린 시절 아버지의 파산으로 일찍부터 어려움을 겪으며 여러 직업을 전전했던 입센은 36세에 노르웨이를 떠난 뒤 27년간 덴마크, 독일, 이탈리아 등 외국을 옮겨 다니며 생활했나. 39세에 발표한 〈페르 귄트〉가 성공을 거두고 이어 노르웨이의 작곡가 그리그가 이 작품을 모음곡으로 작곡해 발표함으로써 더욱 유명해졌다. 그러나 그를 세계적인 작가로 서게 한 작품은 1879년, 그의 나이 51세에 이탈리아에서 발표한 〈인형의 집〉이다. 뒤이어 〈유령〉(1881)과 〈민중의 적〉(1882)을 연이어 발표함으로써 북유럽 문학을 대표하는 작가로 우뚝 섰고 나아가 현대 사회극의 아버지가 되기에 이른다. 그러나 입센 역시 대단한 페미니즘 작가는 아니었다. 입센을 극찬했던 제임스 조이스조차 "그가 만일 페미니스트라면, 나는 가톨릭 주교다"라는 말을 남기기도 했다.

〈인형의 집〉은 유럽에서는 그 원작이 심심찮게 무대에 오르는 듯하지만 우리 무대에서는 원작 공연 소식을 쉽게 접할 수 없었다. 20세기 이래 더욱 진전된 페미니즘 담론에 힘입은 많은 희곡들 사이에서 〈인형의 집〉은 다소 낡아빠진 고전으로 취급되기에 충분하다. 대신 〈인형의 집〉의 열린 결말을 이어받아 집을 나간 노라가 15년 만에 집으로 찾아온 이야기를 연극으로 구성한 미국 극작가 루카스 네이스의 〈인형의 집 part 2〉라는 연극이 최근에 공연된 것으로 확인된다. 기록에 따르면 우리나라에서는 1925년 조선배우학교라는 곳에서 이 연극이 처음 공연되었고 그 뒤 다양한 해석의 공연이 이어져 왔다고 한다. 〈인형의 집〉은 재해석되고 재창작되는 희곡으로 그 생명력을 오늘날에도 이어가고 있다.

그대
다시는 고향에
돌아오지
못하리

*

안톤 체호프
〈벚꽃 동산〉

류보비 안드레예브나 |

오, 사랑하는 아름다운 나의 동산 …!
나의 인생, 나의 젊음, 나의 행복이여,
안녕…! 안녕…!

체호프의 몇몇 희곡에서 가장 큰 울림을 주는 대사를 꼽으라면, 사람의 대사가 아닌 사물들의 대사, 즉 무대 밖에서 들려오는 어떤 효과음들이라 할 것이다. 느슨했던 연극을 일거에 충격과 슬픔으로 몰고 가는 〈갈매기〉 마지막 부분의 (주인공 뜨레쁠례프가 자살하는) 총소리가 그렇고, 그의 대표작 〈벚꽃 동산〉의 마지막 부분에 무대 밖에서 들려오는 (벚나무들을 넘어뜨리는) 도끼질 소리가 그렇다. 체호프의 연극을 보고 세세한 줄거리와 내용은 곧 잊게 되더라도, 그런 효과음들만큼은 쉽게 잊을 수 없다. 달리 말해, 만일 그 효과음들이 기억에 오래 남지 않는다면 체호프의 작품들을 제대로 연출했다고 할 수 없을 것이다.

〈벚꽃 동산〉의 끝부분에 들려오는 도끼질 소리는 어느 화려했던 한 귀족 집안의 몰락만을 의미하지 않는다. 중세와 근대를 넘어 화려했던 귀족 사회의 몰락을 상징하는 소리다. 세상과 시대가 변했지만 귀족적 습성을 버리지 못한 주인공 류보비 안드레예브나는 돈을 물 쓰듯 쓰는 영지의 주인이다. 막대한 빚으로 자신의 영지인 벚꽃 동산이 경매로 나간 상황에서도 부랑인에게 금화를 뿌리고 악대를 불러 파티를 여는 등 헤픈 버릇을 버리지 못한다. 벚꽃 동산이 팔린 뒤 영지를 비워줘야 하는 신세로 전락한 류보비 안드레예브나가 마지막으로 자신의 집과 영지를 둘러보며 이별을 고하는 장면에서 인용한 대사가 뱉어진다. 자신의 조상과 부모님이 살던 곳, 자신의 유년과 성장의 추억이 깃든 곳이며 심지어 자신의 아들이 물에 빠져 죽은 뼈아픈 사건도 이 영지 안에서 벌어졌다. 벚꽃 동산에 대한 그녀의 애착이 어찌 가벼울 수 있을까.

이 극에는 격변기 러시아를 대변하는 다양한 계급이 등장하여 저마다의 계급적 역할을 성실히 수행해 나간다. 신흥 부르주아를 대표하는 상인 로빠힌, '농노해방'을 불행으로 생각하며 왕과 장군, 귀족의 시대를 그리워하는 87세의 늙은 하인 피르스, 인텔리겐챠를 대표하는 뜨로피모프 등과 몰락해가는 귀족 계급인 주인공 류보비 안드레예브나, 그리고 이 상황들을 인생의 통찰과 지혜로 논평하는 류보비 안드레예브나의 오빠 가예프까지. 신구 세대, 신구 계급의 뒤바뀜은 조금 뒤 찾아올 러시아 혁명의 결과적 상황을 보여주는 것이 아니라 혁명이 왜 일어나게 됐는가를 보여주는 암시와 조짐을 보여준다.

생의 아름다움을 사랑하지만 결국 벚꽃 동산을 지켜내지 못한 류보비 안드레예브나와 대조되는 인물로, 농노의 아들로 태어나 자수성가해 영지를 차지하게 되는 인물 로빠힌이 있다. 그는 자신의 성공에 도취돼 다음과 같이 외친다.

> **로빠힌** 아, 하느님, 벚꽃동산은 나의 것입니다! 내가 술에 취해서 정신이 나갔다고, 내가 꿈을 꾸고 있다고 말해도 좋습니다. (…) 그렇지만 나를 비웃진 마시오! 나의 아버지, 나의 할아버지가 무덤에서 일어나 이 일을 모두 보신다면, 매나 맞고 배우지도 못한 예르몰라이가, 겨울에도 맨발로 뛰어다니던 바로 그 예르몰라이가 이 세상에서 가장 아름다운 영지를 산

것을 보신다면 (…) 나는 꿈을 꾸고 있는 것입니다.

체호프의 희곡을 자주 무대에 올린 당대 최고의 연출가이자 연기 이론가인 스타니슬랍스키는 체호프의 극을 일컬어 '극장을 위한 희곡을 쓴 게 아니라 삶의 광경을 그렸다'고 평했다. 그의 희곡들이 그가 쓴 소설들과 매우 흡사하다 느껴지는 점도 그 작품들이 극장을 넘어선다는 인상을 준다.

안톤 체호프가 존경했고, 또 안톤 체호프의 탁월함을 일찌감치 알아본 당대 대문호 톨스토이는 헨리 조지 등의 급진적인 이론을 받아들여 토지 매매를 죄악시하는 글을 여러 군데 남겼다. (이 희곡에도 톨스토이의 소설 〈죄 많은 여인〉이 직접 언급되기도 한다.) 톨스토이는 제임스 조이스가 세계 최고의 단편소설이라 칭한 〈사람에게는 얼마만큼의 땅이 필요한가〉를 통해 토지에 대한 인간의 소유욕을 비판적으로 바라봤다. 톨스토이를 소설가의 멘토로 삼다시피 한 체호프가 그런 생각까지 공유했는지는 알 수 없다. 다만, 도덕적인 교훈에 복무하는 톨스토이의

우화적 인물들보다 땅을 빼앗길 것을 알면서도 제정신들
을 못 차리는 체호프의 인물들이 훨씬 더 입체적이고 살
아 있다는 느낌을 준다.

헤밍웨이, 스콧 피츠제럴드와 동시대 작가로 당대 꽤
잘나가던 소설가였던 토마스 울프의 소설《그대 다시는
고향에 가지 못하리》도 이 희곡을 읽는 내내 겹쳤다. 소
설에서 다시 돌아가지 못할 '고향'이란, 지명과 장소의 상
실만을 의미하지 않는다. 부동산 투기와 개발 광풍으로

모스크바에 있는 안톤 체호프의 묘지. 안식하기를

추억과 향수를 불러일으킬 장소가 사라질 거라는, 그래서 다시는 그런 시간으로 돌아가지 못하리란 것을 의미한다. 우리 소설 〈삼포 가는 길〉의 잃어버린 고향 '삼포' 역시 그런 장소가 아닌가. 벚꽃 동산은 그러니 오늘날에도 세상 도처에 있다. 희곡의 마지막 대사, 그러니까 영지에 남은 87세 노인 피르스가 내뱉는 몰락과 죽음의 대사는 여러 의미로 읽힌다. 극을 상연하는 극장마다, 연극의 막이 내려올 때마다 한 시대가 막을 내린다. 그 위로 나무를 베어 넘어뜨리는 도끼질 소리가 울려 퍼진다.

> <u>피르스</u>  살긴 살았지만, 도무지 산 것 같지 않아. (눕는다)
> 좀 누워야겠어. 기운이 하나도 없군. 아무것도 남은
> 게 없어. 아무것도. 에이, 바보 같으니! (미동도 없이
> 누워 있다)

희곡사 최고의 거장인 소포클레스와 영국의 셰익스피어를 이을 만한 작가는 누굴까? 레싱이나 몰리에르, 실러, 뷔히너, 입센, 현대에 이르러 브레히트나 아서 밀러 같은 작가도 떠오르지만, 나로서는 압도적으로 체호프를 떠올릴 수밖에 없다. 한두 편의 훌륭한 희곡을 쓴 것이 아니라 하나의 세계를 구축한 작가이니 말이다. 체호프의 희곡은 그 누구의 희곡과도 같지 않다. 어쩌면 앞서 언급한 희곡작가들과 달리 소설에서도 발군의 실력을 발휘한 이력 때문일지도 모른다.

그의 극은 어찌 보면 심심하고 단조롭고 평이하지만 인간, 특히 하층민과 몰락한 자들에 대한 인간적 연민과 사랑의 감정으로 가득하다. 그의 남겨진 사진이나 초상화만 보면 매우 날카롭고 예민한 인텔리 작가로 보이지만, 그의 작품은 인간에 대한 따뜻한 시선으로 충만하다. 극단적인 갈등이나 사건 없이도 우리 사는 세상의 슬픔과 부조리를 이토록 잘 드러낼 수 있을까 싶다. 그의 또 다른 걸작 〈갈매기〉의 마지막에 들린

비극적인 총성은 지금도 이명으로 재생되곤 한다.

체호프의 〈벚꽃 동산〉은 1904년 모스크바 예술극장에서 초연되었지만 그 얼마 뒤 작가는 사망했다. 1910년까지 생존한 대문호 톨스토이가 몹시 슬퍼한 죽음이었다. 체호프가 조금 더 오래 살아 더 많은 소설과 희곡을 남겼다면 우리의 서재와 무대는 얼마나 더 풍성하고 아름다운 작품들로 채워졌을까. 조금만 더 살았으면 좋겠다 싶은 작가의 목록 맨 위에 나로서는 체호프의 이름을 올리고 싶다.

〈벚꽃 동산〉의 제목에 대해 많은 이들이 문제 제기를 한다. 우리네 벚나무와 다른 나무라는 것이다. 혹자는 앵두나무 동산, 혹은 체리 농원이라고 번역해야 옳다고도 말한다. 연극 안에도 버찌 열매를 수확해 수익을 냈다는 대사를 보면, 아무튼 우리네 벚나무와는 퍽 다를 것 같다. 이 작품은 여전히 왕성하게 우리 무대에도 오르는 작품이다. 무자비한 개발과 투기가 난무하는 자본주의 사회의 풍경도 그렇거니와, 그러한 변화 앞에 선 인간 군상들의 내면 풍경이 시대와 장소를 뛰어넘어 공감을 불러일으키는 까닭이리라.

나는
잘못이 없네.
잘못은
대지에 있을 뿐

*

F. G. 로르카
〈피의 결혼〉

레오나르도 |

나는 잘못이 없네.
잘못은 대지에 있고
네 가슴과 머리에서 나는 그 향기에 있네.

※

연극 무대는 하나의 미술 작품이 될 수 있을까? 연극은 얼마나 회화적이거나 미술적일 수 있을까? 희곡은 얼마나 디테일하게, 또는 효과적으로 미술적인 영감을 지시할 수 있을까? 확실히 어떤 연극의 무대는 그 자체로 전설로 남은 미술 작품이기도 했다. 이를테면 1961년 파리 오데옹 극장에서 상연된 〈고도를 기다리며〉의 무대를 설계한 자코메티의 작업이 그러했다. 나무 한 그루와 의자 하나만 쓸쓸히 놓여 있는 황량한 무대는 〈고도를 기다리며〉의 변치 않는 상징이 되어버렸다.

시인이자 극작가, 안달루시아 지방의 민요 수집가인 F. G. 로르카의 〈피의 결혼〉은 '희곡(연극)의 미술성'에 답하는 희곡일지 모르겠다. 막과 장이 바뀌며 제시되는 지문들은 상황과 환경에 따라 여러 컬러를 지시한다. 1막 1장의 첫 페이지 지문에 '노란색으로 칠해진 방'이라고 시작하는 희곡은 각 장 지문마다 '꽃으로 장식된 분홍

색 방', '회색빛이 도는 흰색과 그리고 차가운 청색 톤의 조명' 등 유독 컬러에 대한 강박을 보인다. 거기다 대사에 거듭되는 피와 칼의 이미지, 의인화된 달과 숲, 피가 스민 대지의 이미지가 모두 회화적인 느낌을 짙게 풍긴다. 가우디와 피카소, 살바도르 달리, 영화감독 페드로 알모도바르의 나라 스페인은 필연적으로 미술의 나라일 수밖에 없다는 듯이 말이다. 그 폭발하는 햇살과 빛으로 우리 눈을 멀게 하려는 듯이 말이다.

결혼을 앞둔 (예비) 신랑과 신부가 있다. 신랑은 신부와의 결혼에 들떠 있지만 신부 집안의 내력을 어렴풋이 아는 신랑의 어머니는 탐탁지가 않다. 게다가 신부에게는 과거에 사귀던 옛 애인 레오나르도가 있는데 알고 봤더니 자기 집안의 원수인 펠릭스 가문 사람이다. 신랑의 부친과 형제들이 펠릭스네 사람들에게 살해당해 그 피가 아직도 대지를 적시고 있다고 그 어머니는 믿고 있다. 두 사람의 결혼식에 불안해하는 사람은 신랑 집안만은 아니다. 가난 때문에 옛 애인과의 결혼을 이루지 못하고 다른 여자와 결혼한 레오나르도와 그 아내도 결혼 날짜가 다가울수록 극심한 불안에 빠진다. 게다가 결혼 전날 어쩔수 없이 옛 애인 레오나르도를 만난 신부의 마음도 흔들린다.

결혼식 날. 먼 길을 건너와 성대하게 식이 진행되던 중 모두가 불안하게 예감하던 사건이 벌어진다. 신부와 레오나르도가 결혼식 중에 달아난 것. 이 사실을 가장 먼저 안 레오나르도의 아내가 외친다. "그들이 도망쳤어요! 말을 타고서요. 서로 껴안고 마치 번개처럼 달아났어요!"

마침내 도주한 두 남녀를 향한 추격전이 시작된다. 그 결과는 처참한 비극이다. 신랑과 레오나르도는 결투 끝에 함께 죽음을 당한다. 이 비극의 범인은 누구인가? 누가 이 비극의 책임을 져야 할까? 아무도 없다. 결혼식장에서 신부를 납치해온 레오나르도는 감당하기 힘든 운명을 두고 자신은 잘못이 없다고, '잘못은 대지에 있고' 사랑하는 여인인 신부의 '가슴과 머리에서 나는 그 향기에 있'다고 말한다. 두 사내가 죽은 뒤 마을엔 검은 상복의 아낙들만 남는다. 뻔뻔하게도 자신의 집으로 되돌아온 신부에게 신랑의 어머니는 분노를 표출하지만 신부는 자신을 변호한다.

> 신부 (고뇌에 휩싸여서) 당신이 나였더라도 도망쳤을 거
> 예요. (…) 당신 아들은 내 종착지였고 나는 그를 속
> 이지 않았지만, 다른 사람(레오나르도)의 팔은 마치
> 바다의 일진광풍이나 노새의 굴레처럼 나를 이끌었
> 어요. 많은 세월이 지나 내가 늙어버린다 해도, 당신
> 의 아들의 모든 아들들이 내 머리카락을 붙잡는다
> 해도, 항상 항상 항상 그에게 끌려다닐 거예요!
>
> (신랑의) 어머니 그녀는 잘못이 없다고 하는군, 하긴 잘못
> 도 아니지! (빈정거리듯) 그렇다면 잘못은 누구에게
> 있단 말인가?

과연 그렇다. 사랑과 욕정이 이끄는 대로, 심장이 시키
는 대로, 운명이 이끄는 대로 길을 찾아간 사람들에게 어
떻게 죄를 묻는단 말인가? 죄를 물으려거든 사람을 키우
는 대지에 묻거나 달이나 숲에 물을 일이라고, 욕망을 어
찌지 못하는 인간으로 태어난 걸 탓해야 할 거라고, 금지

된 사랑이 이 희곡의 주제라고도 말하지만 무엇이 그들의 사랑을 금지할 수 있단 말인가?

극작가이기 전에 스페인을 대표하는 시인이기도 했던 로르카답게 희곡은 시적 언어들로 가득 차 있다. 자연과 대지, 생명의 언어이자 한恨과 피의 언어다. 모호한 관념의 시어는 드물고 달과 숲, 재스민, 월계수, 올리브, 포도, 종려나무 등 싱싱한 생명력을 지닌 명사들로 꽉꽉 차 있다. 권총과 단도같이 누군가 고안해 낸 '하잘것없는' 차가운 사물만이 사람을 죽이는 도구일 뿐이다. 연극, 혹은 희곡의 대사가 얼마나 시적일 수 있는가에 대한 대답 역시 로르카의 희곡에서 구할 수 있을 터다. 아들의 죽음을 접한 어머니가 탄식하는 대사만 간단히 예로 들어도 그렇다.

(신랑의) 어머니  밀이여, 복되도다. 내 아들이 그 아래 묻혀 있으니. 비여 복되도다. 죽은 자들의 얼굴을 적실 수 있으니. 신이시여, 복되도다. 영원한 안식에 들도록 우리를 나란히 눕게 할 테니까.

춤과 노래가 어우러져 대지의 한과 슬픔을 노래하는 스페인의 플라멩코.
스페인적인 너무나 스페인적인 연희다

'스페인적的'이라 것이 있다면, 그것이 정확히 무엇인지 콕 찍어 말하지 못하겠지만, 이 희곡이야말로 상당히 '스페인적'이라 할 수 있지 않을까. 아니, 작가 로르카의 고향인 '안달루시아적'이라 해야 할까? 좁은 해협을 사이에 두고 북아프리카와 인접해 있어 예로부터 이교도(이슬람)적인 색채가 강했던 안달루시아 지방의 분위기가 이 한 편 희곡에 깊이 담겨 있다. 무적함대를 이끌어 스페인을 초강대국으로 만든 이자벨 여왕이, 780여 년간 아랍인들이 지배해온 그라나다의 알람브라궁을 함락시키며 일으킨 피의 살육이 대지 곳곳에 스며있듯이 말이다.

유럽에서도 스페인은 우리네 정서와 비슷하단 얘길 종종 하는 것 같다. 절규하는 플라멩코나 너른 영토를 경작한 농경문화 같은 것, 긴 역사를 통해 사람들 가슴에 알알이 박힌 한과 눈물의 감성 같은 것 말이다. 남자들은 피 흘리고 여자들은 '울면서 늙어'간다는 대지의 이야기 같은 것이.

(신랑의) 어머니 너희들의 눈물은 단지 눈에서 흐르는 것이

지만, 내 눈물은 혼자 있을 때 저기 뿌리로부터 발로부

터 솟구쳐 오르는 것이고 피보다 더 뜨거운 것이리라.

유럽의 한 변방이자 중심인 스페인의 희곡을 책에 한 편 포함시키겠다는 의도를 넘어서, 로르카의 희곡은 그 자체로 특별하고 훌륭하다. 어느 나라, 어느 작가의 희곡에서도 만날 수 없는 강렬함이 작품에 담겨 있다. 스페인 문학이나 미술, 음악, 영화가 그러하듯이 로르카로 대표되는 스페인 연극은 서유럽의 전통과는 어딘가 다른 빛깔과 향기를 품고 있다. 탁월한 시인이기도 한 작가는 이 작품을 전무후무한 시와 이미지의 극으로 만들어 놓았다. 로르카의 시적인 연극은 선배 작가 중에서는 뷔히너의 〈보이체크〉 정도에나 그 뿌리나 동질성을 찾아볼 수 있을까?

페데리코 가르시아 로르카는 1898년 6월 5일 스페인의 안달루시아 지방의 주도인 그라나다에서 20여 킬로미터 떨어진 마을에서 태어났다. 아버지의 바람으로 처음엔 대학에서 법학을 전공하지만, 타고난 예술가인 로르카는 음악에 탁월한 재능을 보였고 곧 문학에서 자신의 정체성을 찾았다. 1919년 마

作家 로르카의 고향과 멀지 않은
스페인 그라나다의 알람브라 궁전 부근 마을

드리드의 대학에 진학한 뒤 영화감독 루이스 브뉘엘, 화가 살바도르 달리 등과 교유했으며 프랑스와 모리아크, 스트라빈스키 등 수많은 예술가들과 접하며 예술 세계를 넓혔다. 유럽 여러 나라와 미국과 쿠바 등을 여행한 경험도 로르카의 세계를 넓힌 계기가 되었다.

1933년 초연된 뒤 파리, 런던, 부에노스아이레스 등에 초청되어 큰 성공을 거둔 〈피의 결혼〉을 비롯해 〈예르마〉, 〈베르나르다 알바의 집〉은 그의 대표 3부작으로 꼽힌다. 이렇듯 독보적인 작가의 위치를 굳건히 하던 즈음 파시즘으로 치닫던 스페인 정세가 그의 운명을 결정지었다. 1936년 프랑코 장군이 군사 반란을 일으키며 스페인을 뒤집어엎을 때 미처 그는 피난하지 못했다. "나는 작가다. 아무도 작가를 총살하지 않는다"라고 했던 로르카는 그러나 반란군에게 체포된 뒤 그해 8월 19일 비즈나 마을 외곽에서 총살되었다. 사체도 묘지도 찾을 수 없는 비극적인 죽음이었다.

국내에서도 〈피의 결혼〉은 심심찮게 무대에 오르는 작품으로 안다. 2014년에 이윤택의 연출로 명동예술극장 무대에 오르기도 했다. 그런가 하면 이 작품을 우리 정서에 맞게, 우리의 춤이나 전통 연희에 맞게 각색해 올리는 공연도 있었다. 결혼식 날, 옛 애인과 달아난 신부의 이야기는 어쩐지 기시감이 든다. 그런 서사가 어디 스페인에만 떠도는 얘기겠는가.

우리는
무엇을 아는가?
무엇을
모르는가?

B. 브레히트
〈갈릴레이의 생애〉

페더조니 |

아리스토텔레스는 망원경이 없었어요!

대학에 들어와 문과대학에 입학하면서 다시는 과학 같은 학문과 만나지 않아도 될 거라며 쾌재를 부른 기억이 있다. 실은 과학보다 수학에서의 해방감이었겠지만 한번 관심의 영역을 벗어난 그 학문들과는 다시 친해지기는 힘들었다. 그랬던 나인데, 최근 과학과 관련한 강연과 행사를 일부러 찾아가 열심히 듣고 오곤 한다. 대학 때부터 줄곧 문학과 철학, 역사 등의 학문에만 경도되었지만 결국 그 학문들이 인도한 결론은 다시 과학과 만나야 한다는 것이다. 비록 물리학과 천문학이 활용하는 수학의 난해한 공식과 방법론은 끝내 쫓아가지 못하더라도 말이다.

최근 어느 단체의 천문학 관련 강의를 들으며 천문학자들이야말로 시인과 같은 부류의 사람들이 아닐까 생각했다. 캄캄한 밤하늘에 반짝이는 것들의 정체를 알고 싶어 천문학자가 됐다거나, 지구 이외 별들에 살고 있을지 모를 외계 생명체를 상상하는 천문학자들의 호기심은 비록 수학이라는 낯선 언어를 사용할지언정 시인의 감수성과 흡사한 데가 있었다.

물리학, 천문학 등에 대한 관심은 희곡작가들에게도 많은 영감과 문제의식을 심어준 모양이다. 이 연극 〈갈릴레이의 생애〉로부터 뒤렌마트의 〈물리학자들〉, 근래 마이클 프레인의 〈코펜하겐〉에 이르기까지 과학과 과학자에 대한 관심은 현대 희곡의 중요한 주제를 차지해 왔다.

근대 천문학, 물리학의 시조로 꼽히는 갈릴레오 갈릴레이 역시 20세기 탁월한 극작가 브레히트의 관심 망 안으로 들어왔다. 당대에 정설로 인정받던 프톨레마이오스의 천동설에 의심을 표하고, 대신 금기시된 코페르니쿠스의 지동설을 지지했으며, 태양의 흑점을 발견하는 등 교회 권력에 반하는 활동으로 이단으로 몰려 재판을 받게 된 갈릴레이. 그의 업적과 인간적 고뇌를 담은 위인전이 우리에게 말해주는 것은 무엇일까? 그의 일화를 명민한 브레히트가 주목한 이유는 무엇일까?

브레히트는 이미 1930년대 초 히틀러와 나치가 마각을 드러내던 때부터 정의와 신념에 대한 문제를 천착해 역사상 유명했던 재판들에 관심을 가졌다. 〈갈릴레이의 생애〉 역시 그런 동기로 처음 쓰였다. 나치를 피해 유럽의 이웃나라들로, 또 미국으로 망명한 브레히트는 히로시마에 투하된 원자폭탄의 엄청난 위력을 보며 이 작품을 고쳐 써야 했다. 고쳐 쓰며 주제를 아예 바꾸었다 한다. 인간의 신념 문제에서 과학(자)의 책임에 대한 문제로. 권력 앞에 자신의 주장을 번복해 처벌 대신 목숨과 명예를 유지한 갈릴레이는 실패한 지식인, 불의한 과학자의 모습으로 탈바꿈했다. 재판 뒤 그를 추종했던 제자와 후학들이 그를 떠나는 장면은 갈릴레이의 쓸쓸한 노년을 예견한다.

희곡에 묘사된 갈릴레이란 인물은 근엄하고 고지식한 과학자가 아니라, 어린아이에게 친절하고 맛난 음식에 식탐을 부리는 등 육욕에 약한 사람으로 묘사되는가 하면, 네덜란드에서 만들어졌다는 망원경을 조립해 금전적으로도 성공한 인물로도 그려진다. 관측을 통해 지동설을 입증해내지만 고문 도구를 한번 본 것만으로 신념을

굽힌 비겁한 과학자가 갈릴레이다. 극은 여기서 나아가 굴욕적인 재판을 겪은 뒤 갈릴레이의 쓸쓸한 후반생을 보여준다. 타인과의 접촉이 금지된 노 과학자가 감시를 피해 은밀하게 혁명적인 과학 저작을 써 내려가고 이를 해외에 반출함으로써 유럽 사회에 새로운 지적 혁명을 불러일으켰다는 이야기로 극은 마무리된다. 누군가는 이를 두고, 적당한 타협을 통해 더 큰 일을 도모하고 이뤄낸 갈릴레이의 지혜를 이야기한다. 그러나 이는 어디까지나 브레히트의 창작으로 역사적 사실과는 상당히 다른 것이며 이로써 갈릴레이에게 모종의 면죄부를 준 것이 아닌가 싶다.

그보다 약간 앞선 시대를 살아간 셰익스피어와 마찬가지로 갈릴레이 역시 생애의 많은 부분이 알려지지 않은 채 신화화되었다는 것이 그동안의 정설이다. 갈릴레이를 설명하는 가장 유명한 말인 (재판정을 나오며 했다는) '그래도 지구는 돈다'는 말도 출처가 불분명한 말로 알려졌다. 희곡에도 자세히 묘사된 바와 같이 그가 망원경을 처음 발명한 사람이 아니란 것도 이제는 널리 알려진 사실이다. 그럼에도, 법정을 나오며 했다는 그의 말은 충분히 그의 사정을 대변해주는 일화이며 그가 망원경이라는 새로운 도구를 활용해 위대한 관측을 해낸 사실도 폄하될 수 없는 진실이자 업적이라는 것이 과학자들의 설명이다. 그가 자신의 망원경을 직접 만들어 천체를 관측한 1609년으로부터 400년이 된 2009년이 유엔이 선포한 '세계 천문의 해'였던 점을 상기해 볼 수 있을 것이다.

그는 추상적인 수학 공식을 통해 천체의 존재와 움직임을 밝혀낸 이론 물리학을 넘어, 망원경이라는 근대적 도구를 통해 추상적 이론들을 실제로 입증하고 태양의 흑점과 달 표면의 자국 등을 육안으로 목격한 관측 물리학의 선구자이기도 했다. 과학의 이런 위대한 진보를 암시하고 천명하는 대사가 갈릴레이의 추종자로 등장하는 페더조니가 말하는 위의 대사다. "아리스토텔레스는 망원경이 없었"다는. 당대 최첨단의 도구였던 망원경을 통해 육안으로 직접 본 것을 말하는데도 세상은 그의 말을 믿지 않았다. 아직은 그러한 진실을 감당하기에 세상은 충분히 성숙되지 않았던 것이다. 그렇다면 오늘날은 어떠

피렌체 산타 크로체 성당의 갈릴레이의 묘지 조각.
한 손에 망원경을 들고 있다

한가? 본 것을 말하는데도 도무지 믿지 않는 세상, 믿고 있는 것만을 보려 드는 눈 뜬 장님들의 아이러니는 그로부터 수백 년이 지난 오늘날에도 별로 달라지지 않은 것 같다.

희곡에 등장하는 중요한 인물로 갈릴레이의 시중을 드는 소년이 있다. 훗날 노 과학자의 저작을 국외로 반출하는 청년으로 성장하는 역할의 소년이다. 희곡 앞부분에 갈릴레이는 소년에게 다음과 같은 말을 들려준다. 갈릴레이의 예언은 얼마나 실현되었는가? 400여 년이 지난 지금, 우리는 얼마나 더 많은 천체의 비밀을 알게 되었을까? 이 부분은 오히려, 여전히 과학에 대한 일말의 믿음과 의심을 품고 있는 브레히트의 목소리로 들린다.

> **갈릴레이** 머지않아 인류는 자신들의 거주지, 그러니까 자기들이 살고 있는 천체에 관해 정확히 알게 될 게다. 옛날 책에 쓰여 있는 것은 이젠 그들에게 충분하지 않아. 왜냐하면 천 년 동안 신앙이 자리 잡고 있던 곳, 바로 거기에 지금은 의심이 들어앉아 있으니까.

## 히틀러 시대에 소환된 갈릴레이의 재판 ────────

브레히트의 희곡 중 〈갈릴레이의 생애〉는 그의 작품세계에서 조금 특별한 자리를 차지한다. 그의 많은 희곡이 우화의 성격을 띠는 데 비해, 이 작품은 실제 역사와 인물에서 극의 내용을 취하고 있다. 그래서일까, 어떤 우의적인 주제를 던져 이성적 판단을 요구하는 다른 희곡들과 달리 역사 속 인간의 고뇌와 행동 속에서 교훈을 이끌어낸다. 브레히트의 많은 희곡들을 대개 역사극과 비유극으로 분류하곤 하는데 이 작품은 역사극 쪽의 대표적 작품이라 할 수 있다.

그런데 왜 갈릴레오 갈릴레이였을까? 어느 글에선가 밝히고 있듯이 브레히트는 재판의 문제에 깊은 관심을 갖고 있었다. 소크라테스를 비롯해 조르다노 브루노, 갈릴레이 등의 역사적 재판의 재해석을 오래전부터 구상해 왔다고 한다. 갈릴레이의 재판은 당시 엄혹해져가는 나치 정권 치하에 의미 있는 화두를 던지는 소재로 보였을 것이다. 갈릴레이의 유해는 중세의 두꺼운 장막을 걷고 르네상스를 연 영웅들인 단테와

미켈란젤로, 마키아벨리의 무덤과 함께 피렌체의 산타 크로체 성당에 잠들어 있다. 갈릴레이의 종교재판에 대해 교황청은 1980년에야 처음 그 잘못을 인정했다. 그가 직접 눈으로 본 것이 사실로 인정받는 데에 사후 350여 년이 걸린 것이다.

특별히 브레히트의 많은 작품 중 이 작품을 고른 것은 최근 국립극단에서 이 작품을 무대에 올린 것과 무관하지 않다. 이성열이 연출하고 배우 김명수가 갈릴레이 역할을 맡은 국립극단의 무대 미술은 호기심 가득한 천문학자의 꿈과 이상을 몽환적으로 그리는 데 주안점을 두었다.

우리 무대에서 거의 오른 기억이 없는 희곡을 무대에서 보는 즐거움을 결코 놓칠 수가 없다. 언제 또 이런 희곡이 우리 무대 위에 피어나길 기다린단 말인가. 과학의 비중이 커질수록 더욱 강조되기 마련인 과학(자)의 책임에 대한 주제가 관심을 끌어서이기도 하지만. 당대의 가장 중요한 문제들에 대해 관심을 갖고 그 문제의식을 드러내 의미 있는 질문을 던지는 희곡들이야말로 결국 시대와 나라를 초월하는 보편적인 작품들로 우리 앞에 다가온다.

제발,
연극에
몰입하지
마시기를

*

B. 브레히트
〈사천의 착한 여자〉

첫째 신 I

자네는 할 수 있어.
착하기만 하면, 만사가 잘 될 거야!

'재판'은 연극이 즐겨 사용해온 중요한 장치다. 나라에 재앙을 몰고 온 흉악범을 잡겠다고 발을 동동 구르는 오이디푸스 왕의 집요한 집념으로부터 연극은 이미 재판과 가까운 형식이 될 것임을 예견해 왔다. 그리스극에 등장하는 코러스의 존재는 근대 재판의 배심원들을 연상시킨다. 〈베니스의 상인〉을 비롯한 셰익스피어의 많은 희곡에도 재판은 매우 중요한 극적 장치로 쓰인다. 뒤렌마트의 〈당나귀 그림자에 대한 재판〉이나 브레히트의 〈코카서스의 백묵원〉 그리고 이 작품 〈사천의 착한 여자〉 모두 재판 장면을 결말을 위한 도구로 활용한다. 대학의 법학과에서 종종 행해지는 모의재판은 당연히 연극적 행위와 닮았다. 첨예한 논리와 증언, 증명으로 피고와 원고 측 양자의 갈등과 조정에 의존하는 재판은 필연적으로 연극의 형식을 차용한다.

브레히트의 대표작 〈사천의 착한 여자〉도 극의 대미를

재판의 형식에 떠맡긴다. 사천四川, 즉 중국 쓰촨성 어느 도시를 배경으로 하는 이 연극에서, 모든 사람들의 부탁을 거절하지 못하고 다 들어주는 셴테라는 착한 여자와, 매정하게 사람들 청을 거절하는 셴테의 사촌 슈이타가 동시에 등장해 극을 이끌어간다. 가난에 찌든 주변 사람들은 셴테에 들러붙어 그녀를 절망의 구렁텅이로 빠뜨리지만 그녀의 사촌 슈이타는 셴테를 보호하려는 듯 사람들에게 매정하게 대한다. 두 사람에 대한 마을 사람들의 의심이 증폭되면서 재판이 벌어지고 거기서 놀라운 사실이 밝혀진다. 착한 셴테가 매정한 자본주의 세상에 살아남기 위해 슈이타로 변신해 살아왔다는 내용이 그것.

> **셴테** 네, 바로 접니다. 슈이타와 셴테, 저는 두 사람이에요. 지난날 명령하시기를 착하고 그러면서 살아가라 하셨으나 그 명령은 번개처럼 저를 두 조각으로 갈라놓았습니다. 저는 어찌 그리 되었는지 모르지만, 다른 사람들에게 착하면서 동시에 저 자신에게도 착할 수는 없었어요. 다른 이들과 저를 함께 돕

는 것은 너무 어려웠어요. 아, 당신들의 세상은 어려워요! 너무 많은 가난, 너무 많은 절망! 가난한 사람에게 손을 내미는 사람은 그 손을 당장 뽑혀 버려요! 망한 사람을 돕는 사람은 자기만 망해요! 도대체 어느 누가 오랫동안 악하기를 거부할 수 있어요.

브레히트는 고대 그리스 비극 이래 서양 연극을 지배해 온 연극(비극)의 룰에, 이론적으로 체계적으로 반기를 든 매우 영민한 반항아였다. 이미 뷔히너나 피란델로 등이 조금씩 일탈을 벌여온 아리스토텔레스의 비극 체계를 공식적으로 거부하고 새로운 연극의 가능성을 모색한 작가다. 그에게서 중요한 것은 아리스토텔레스적인(혹은 그리스 비극적인) 몰입이 아니다. 그가 의도한 것은 관객이 멍청하게 극에 몰입하고 감정이입하도록 하는 것이 아니라 오히려 그 몰입에 찬물을 끼얹는 것이다. 연극과 현실을 혼동하지 말 것이며 감정 대신 이성으로 극의 내용과 교훈을 판단할 것을 요구한다. 공연을 보기 위해 들어선 극장에서 모자는 벗어두되 머리는 비우지 말라는 게 그의 당부다. 그 핵심이 거리 두기, 낯설게 하기, 생소화 효과 등으로 요약되는 서사극 이론이다.

브레히트는 끊임없이 연극에의 몰입을 방해(?)하기 위해 몇 가지 방법을 즐겨 썼다. 이를테면, 대사 대신 노래를 즐겨 활용한다든가, 연극의 상황이나 의미를 중간중간 알려주는 중계자나 해설자를 활용하는 것, 배우가 극을 벗어나 관객들에게 말을 거는 것, 프롤로그나 에필로그의 활용, 각 장에 제목과 요약을 설정하는 방법, 또 극중극과 재판극을 활용하는 것 등이 대표적인 서사극의 기법이다. 이를 통해 관객은 극을 향한 몰입으로부터 자꾸만 '미끄러진다.' 〈사천의 착한 여자〉의 마지막 대사는 브레히트의 서사극 기법의 좋은 예가 될 것이다.

존경하는 관객 여러분, 역정을 내진 마세요, 이게 올바른 결말이 아닌 줄은 저희도 잘 압니다. 저희에게 찬란한 금빛 전설이 떠올랐는데, 그게 어느새 쓸쓸하게 끝나고 말았군요. 저희들도 실망하고 난처하여 돌아봅니다. 무대의 막은 내렸으나 모든 의문이 미해결이군요.

베를린 시립묘지에 있는 브레히트와 그의 부인의 합장묘

(…) 그럼 해결책은 무엇일까요? (…) 여러분 자신이 당장 생각해 보는 것이겠어요. (…) 좋은 결말이 있어야 하겠어요. 반드시, 꼭 있어야 합니다!

브레히트의 서사극 이론은 연극은 물론 문학과 영화, 미술 등 인접 장르에 막대한 영향을 미쳤다. 자신의 역할에 충실하던 영화 속 배우가 갑자기 카메라 쪽을 빤히 바라보며 관객을 향해 도발적으로 이야기를 건네는 것이나, 누벨바그의 감독들이 적극 활용한 점프 컷 같은 영화 기법, 소설 작품 속에 작가 자신을 노출시키는 메타 픽션의 방법 등도 브레히트의 생각과 직간접적으로 연결된다.

브레히트가 이런 연극을 제안한 데에는 당시 정치 상황이 밀접한 관계가 있다. 히틀러와 나치가 집권하며 민족주의, 인종주의, 파시즘으로 치달았던 당대 독일 상황은 이성이 마비된 감성과 충동의 정치, 이미지의 정치가 횡행하며 사람들의 이성을 잠식해가던 시대였다. 이에 대한 대안이 몰입이 아닌 '이성'의 연극이다. 자칫 딱딱하고 건조해질 수 있는 서사극의 재미와 교훈을 위해 브레히트는 극의 내용을 우화나 비유적인 데서 찾곤 했다. 동양 (중국)이나 미국, 러시아, 코카서스 등 유럽 이외의 나라와 낯선 과거의 시간들이 브레히트 극의 배경을 이루는 것도 이러한 까닭이다.

재판관으로 활약했던 유쾌한 신의 입을 빌어, "착하기만 하면 만사가 잘 될 거야"라며 낙관적 결론을 맺는 이 연극에도 자본주의의 불평등과 불합리를 바라보는 시선은 예리하며 그것을 대중(관객)에게 어렵지 않게 설명하는 방식을 채택하는 노력이 보인다.

> **센테** 아, 너희 불행한 인간들아! 형제에게 폭력이 가해지는데 눈을 감다니! 당한 사람이 비명을 지르는데, 당신들은 침묵해요? 폭력범이 어슬렁거리며 희생자를 고르는데 당신들 하는 말은, 우리야 불평하지 않으니 내버려두겠지. 이게 어찌된 도시요, 어찌된 인간들이요!

브레히트의 서사극은 서양과는 다른 결로 흘러온 중국과 인도 등 동양의 전통 연희에서 많은 힌트를 얻었다 한다. 그 이전에도 서사극이나 낯설게 하기, 생소화 효과 같은 비슷한 생각을 했던 작가들이 종종 있었지만 브레히트가 체계화한 생각은 당대엔 획기적인 것으로 받아들여졌다. 그럼에도 오늘날 브레히트의 서사극이 그다지 새롭거나 놀랍지 않다고 여긴다면, 이미 우리가 보고 즐기는 연극이나 영화에 브레히트가 고안해낸 기법들이 폭넓게 받아들여져 사용되고 있는 까닭일 것이다. 한편으론 몰입을 해체하는 그의 연극들이 필연적으로 캐릭터와 갈등의 약화를 가져오는 약점도 지적돼야 한다. 연출가 이성열의 지적대로 그의 극 중에 강력하고 매력적인 캐릭터의 인물을 떠올리긴 쉽지 않다.

서양 연극사에 이토록 중요한 흐름을 형성한 작가임에도 브레히트는 수많은 사회주의권 작가들과 마찬가지로 우리네 연극계에 오랫동안 잊히고 금지된 작가였다. 그의 작품과 그에 대한 연구가 다시 본격화하기 시작한 것은 1980년대 초에 이르러서다. 독문학계를 중심으로 브레히트를 소개하고 조명하는 저작들이 출간된 것도 그 무렵이다. 80년대 중후반쯤 되면 그의 대표작들인 〈푼틸라 씨와 하인 마티〉, 〈서푼짜리 오페라〉, 〈코카서스의 백묵원〉 등의 작품이 대학가를 중심으로 무대에 올려졌다. 전우들이 죽어간 전쟁에서 혼자 살아남은 병사의 죄의식을 담은 그의 '살아남은 자의 슬픔'은 90년대 후일담 문학의 정서를 대변하는 시로 널리 인용되고 애송된 바 있다.

문학은 물론, 영화나 미술, 미학 등 인접 장르에 대한 책을 읽다가 브레히트의 이름을 마주하는 경우가 종종 있다. 창작자/감상자의 경계를 허물고 넘나드는 그의 아이디어, 억압적인 귀족과 부르주아 예술의 방법론을 벗어나려는 여러 시도가 다른 인접 장르에도 많은 영감을 주었을 것이다. 브라질의 연출가이자 이론가 아우구스또 보알의 《민중연극론》에도, 제3세계 나라들의 민중극 운동사에도 브레히트의 연극 이론이 끼친 영향은 폭넓은 것으로 서술되고 있다. 베를린 도로티엔 시립묘지에서 브레히트 부부의 묘를 마주했을 때의 복잡한 감정

도 선명하게 기억된다. 그의 묘지 앞에서 일어나던 여하한 감

정이입을 어찌할 수 없었다.

우리는 과거를
잊으려 하지만,
과거는 우릴
잊지 않는다

유진 오닐
〈밤으로의 긴 여로〉

메리 |

어떻게 잊을 수 있겠어요?
과거가 현재 아닌가요? (…)
우린 모두 벗어나려 하지만
인생이 우리를 가만두지 않아요.

어릴 적부터 집안의 생계를 책임져야 했던 경험 때문에, 가장이 되어 가정을 파멸로 이끌 인색함을 몸에 지니게 된 아버지 타이런. 돌팔이 의사의 잘못된 시술로 마약에 빠져들어 인생의 패배자로 전락한 어머니 메리. 생에 대한 좌절로 뒤틀린 질투와 냉소를 품고 사는 큰아들 제이미. 니체와 보들레르 등에 심취해 선병질적인 니힐리즘에 허덕이는 폐병쟁이 둘째 아들 에드먼드.

누가 봐도 정상적인 가족의 모습이 아니다. 그들이 다시 테이블에 둘러앉아 서로를 욕하고 상처 주며 때때로 사과하며 그렇게 서로를 파괴해 간다. 지난밤의 악몽을 안고 시작된 거실의 아침은 어두운 과거를 들춰내며 지루한 한낮으로 이어지고 서로를 저주하며 안개 자욱한 답답한 저녁을 맞는다. 육신과 정신을 잠식하는 술과 폐병, 마약에 저마다 취해 비틀거리며 테이블에 다시 모인 가족들에게 밤으로 향하는 시간은 길기만 하다.

타이런 씨네 거실에서 네 명의 가족이 둘씩, 셋씩 마주해 대화하거나 술을 마시는 중에 감정을 이기지 못해 폭발하며 가족의 어두운 과거가 하나씩 밝혀진다. 둘째 에드먼드가 폐결핵에 걸렸을지 모른다는 얘기를 들은 가족들은 모두 아버지 타이런이 돈을 아끼려고 에드먼드를 돌팔이 의사에게 맡김으로써 병을 키웠다며 그를 비난한다. 그런가 하면 일곱 살이던 큰아들 제이미가 질투심 때문에 홍역을 옮겨 사망하게 된 유진이라는 죽은 아들의 존재를 떠올리며 어머니 메리는 제이미를 용서할 수 없다고 고백한다. 실제로 제이미는 부모님의 사랑을 독차지한 동생 에드먼드에 대한 질투심 때문에 동생을 나쁜 길로 이끌었다고 고백하기도 한다. 그들이 함께 만든 어두운 과거가 서로를 비난하고 할퀴며, 때로 진심을 고백하고 용서를 구하는 가운데 하나씩 드러난다. 어머니 메리의 대사처럼, 어두운 과거는 벗어날 수 없는 현재이자 미래요 그들 모두의 숙명이다.

가족 구성원 가운데 가장 심각한 병에 걸린 사람은 뜻밖에도 어머니 메리다. 동서고금을 막론하고 불안한 가정을 보듬고 흩어지려는 가족의 중심을 잡는 사람은 (아버지가 아닌) 어머니가 아니던가. 그런 메리가 에드먼드를 낳던 중 무지한 의사에 의해 마약 중독자가 되며 불행이 잉태되었다. 요양원에서 집으로 돌아온 뒤에도 마약을 끊지 못하고 (약이 있는) 이층 방과 거실을 오가는 메리는, 싸구려 호텔을 전전하며 가정을 내팽개쳤던 남편 타이런을 원망하며 다음과 같이 절규한다.

> **메리**  아, 여기가 집인 척 가장하는 것도 정말 신물이 나요! 당신은 날 도와주지 않아요! 전혀 참고 희생하지 않죠! (…) 결혼한 이후 당신은 한 번도 집을 원한 적이 없었어요!

하루 동안 햇볕의 걸음걸이만 달리할 뿐인 타이런 씨네 거실은 자그만 희망의 불씨도 지필 수 없는 무겁고 답답한 공간으로 관객 앞에 노출된다. 모두 비틀대고 분노하며 자신의 불행을 아버지나 다른 가족 탓으로 돌리는 악순환이 무대 위에 펼쳐진다. 서로가 서로의 족쇄이자 짐이 되어버린 현대 미국, 현대 가족제도, 나아가 사람의 관계에 대한 절망적인 임상 기록으로 읽힌다.

'빌어먹을 호텔 방에서 태어나 호텔 방에서' 생을 마감한 유진 오닐은 마지막 작품 〈밤으로의 긴 여로〉를 두고 스스로 '깊은 슬픔과 이해와 용서로 쓰인 글'이자 '눈물과 피로 쓴 오랜 슬픔의 드라마'임을, 자신의 부인 칼로타에게 작품을 헌정하며 밝히고 있다. 어머니 메리를 제외한 극 중 인물들 이름에 가족들 실명을 쓸 만큼 작가가 자신의 모든 것을 던져 집필한 작품이며 불행했던 자신의 삶과 가족에 대한 고백록과도 같은 작품이다. 카프카가 자신의 몇몇 작품에 대해 했던 유언과 마찬가지로 오닐은 이 작품을 자신의 사후 25년 동안 발표하지 말고 그 이후에도 절대 무대에 올리지 말 것을 못 박았다. 그러나 카프카와 마찬가지로 뮤즈의 신은 작품을 세상에 돌려줬고 우리는 가장 처절한 현대의 비극 한 편을 마수할 수 있게 되었다. 위대한 작가의 위대한 상처는 우리 시대 가장 숭고한 정신으로 승화되어 무대 위에 꽃을 피우고 있다.

전해지는 뉴스들마다 우리 시대의 우울하고 흉흉한 자

화상을 보여준다. 정치가나 재벌, 유명인의 뉴스를 이야기하는 것이 아니다. 가난과 불신, 막다른 절망감에 사로잡힌 나와 내 이웃에 관한 기사들이기에 동시대를 사는 우리 마음을 더욱 어둡게 만든다. 자살은 더 이상 놀라운 뉴스도 아니고 고독사도 이제 흔한 일이 되어버렸다. 인류를 거스르는 엽기적인 사건들에 점차 무감각해지는 우리 자신을 발견하는 것은 얼마나 끔찍한 일인가. 이 모든 현상 이면에 '가족'의 해체와 와해가 놓여있다고 말하는 이도 있으리라. 그렇다고 가부장 중심의 가족제도가 바람직한 시스템일까? '1인 가족'이 급속도로 뿌리내리는 가운데 오늘의 가족 비극은 오늘 우리에게 무얼 말해주고 있는가.

자존심을 내려놓고 속마음을 터놓아서야 간신히 서로를 이해하고 화해하려는 타이런 씨네 가족들을 보며, 인간 세상에 진정한 화해라는 게 가능한 것인지 의심하게 된다. 불행했던 자신의 가족사를 이렇듯 낱낱이 까발렸던 작가의 살풀이는 과연 성공한 것처럼 보인다.

작품 마지막 부분. 밤이 깃든 타이런의 거실에 술에 취한 세 부자가 모여 있을 때, 또다시 약에 취해 유령처럼 계단을 내려온 어머니 메리의 행동은 작품의 어두운 색채를 더욱 짙게 만든다. '행복했던 과거만이 진짜'라 말하던 메리는 간신히 찾은 웨딩드레스를 손에 쥐고 나타나 '몽유병자처럼' 혼잣말을 중얼거린다. 마약에 취해 가족들의 존재조차 인식하지 못하는 메리는 수녀가 되기를 갈망했던 처녀 시절을 떠올린다. 무엇을 찾는지도 알지 못한 채, 뭔가를 간절히 찾아다니느라 서성이면서.

> 메리 (주변을 돌아보며) 정말 필요한 건데. 그것만 있으면 절대 외롭지도 두렵지도 않다는 걸 아는데. 영원히 잃어버린 채 살 수는 없어. 난 죽을 거야.

퓰리처상 4회 수상, 1936년 노벨 문학상 수상에 빛나는 유진 오닐. 현대 미국 드라마를 대표하는 오닐의 이력을 살펴보면 〈밤으로의 긴 여로〉의 절망스러운 비극이 단지 작가의 상상력에서 비롯된 허구가 아님을 이내 알게 된다. 실제로 배우 출신에 인색하기 그지없었던 아버지와 마약중독에 빠진 어머니, 방탕한 생활 끝에 알코올 중독자로 생을 마감한 형을 두었던 유진 오닐. 그 자신도 폐병을 앓았으며 선원 생활, 부랑자 생활 등 다양한 경험을 겪었으며 니힐리즘 속에 자살까지 시도했던 섬약한 청년기의 이야기가 그대로 〈밤으로의 긴 여로〉이곳저곳에 과장 없이 녹아 있다. 어머니의 이름을 빼곤 모두 가족들의 실명을 썼다고 하니 이 작품에 대한 작가의 피눈물 나는 고통과 애착을 미뤄 짐작할 만하다. 원고에 매달릴 때마다 10년은 폭삭 늙어버린 모습을 하고 집필실을 나왔다는 아내 칼로타의 말은 과장이 아닐 것이다.

유진 오닐은 1910년대 소극장운동이 정착한 시기에 두각을 나타내며 차츰 미국 연극계의 대부로 우뚝 서게 되었다. 그를 지칭할 때 흔히 사용한다는, '맨 앞에 위치할 뿐 아니라 가장 중요한'이란 의미의 'foremost'라는 형용사가 미국 연극사에 그가 차지하는 위치를 단적으로 말해주는 단어일 터다. 테네시 윌리엄스, 아서 밀러, 에드워드 올비, 샘 셰퍼드 등 쟁쟁한 작가들의 선배로, 미국 현대 드라마를 개척한 극작가로 인정받고 있다. 〈밤으로의 긴 여로〉 외에도 〈느릅나무 밑의 욕망〉, 〈상복이 잘 어울리는 엘렉트라〉 등의 작품이 널리 알려져 있는데, 대부분 인간 내면에 도사리고 있는 욕망과 불안, 증오와 갈등, 복수를 끄집어내고, 물욕에 사로잡혀 파멸해가는 인물들을 그리고 있다. 오닐은 그 누구의 영향도 받지 않은 작가로 불리며 그의 작품들도 쉽게 한두 마디로 규정짓기 힘들 만큼 다양한 스펙트럼을 보여 왔다. 초기 자연주의, 사실주의부터 후기 표현주의적 작품까지, 또 자전적 요소가 강한 작품부터 그리스 신화의 기법까지 도입한 실험에 이르기까지 다양한 폭과 깊이를 보여준 탁월한 작가였다. 이제 그가 개척한 미국 드라마의 위대한 후배 작가들을 만나게 될 것이다.

# 욕망의
# 종차역

*

테네시 윌리엄스
〈욕망이라는 이름의 전차〉

블랑시 |

사람들이 욕망이라는 이름의 전차를 타고 가다가
묘지라는 전차로 갈아타서 여섯 블록이 지난 다음,
극락이라는 곳에서 내리라고 하더군요.

희곡은 무대에 올릴 것을 전제로 집필된다. 그런데 좋은 희곡이란 어떤 것일까? 촘촘하게 무대의 배치나 인물의 인상착의를 지시하는 것이 좋은 희곡일까? 많은 부분을 생략해 연출가나 배우로 하여금 새롭게 해석하고 창조할 여지를 남겨주는 것이 좋은 희곡 작품은 아닐까?

그런데, 희곡이 소설보다 재미있을 수 있을까? 문학으로 읽히기를 염두에 둔 희곡은 가능하며 그것은 바람직한 일일까? 독자들은 소설 작품을 읽을 때는 그 행간에서 삶과 인생의 장면을 상상하면 되지만, 희곡에선 무대 위의 상황과 배우의 감정 상태를 먼저 상상해야만 한다. 희곡 읽기의 어려움이다.

테네시 윌리엄스의 〈욕망이라는 이름의 전차〉는 문학 작품으로 읽기에도 손색이 없는 희곡이다. 남자 주인공인 '짐승남' 스탠리의 외모와 성격을 묘사한 지문만 봐도 그 문학성을 짐작할 만하다.

모든 동작과 태도에 동물적인 쾌락이 배어 있다. 청년기에 들어서면서부터 스탠리에게는 삶의 중심이 여자와 나누는 쾌락이었다. 의존적이며 유약한 탐닉이 아니라 암탉에 둘러싸인 화려한 깃털을 가진 수탉이 지닌 힘과 자존심으로 쾌락을 주고받는다. (…) 여자를 보면 첫눈에 성적 매력으로 등급을 매기며, 야한 이미지가 마음속에서 번뜩여 여자들에게 어떤 미소를 보낼지 결정한다.

'짐승남' 스탠리의 반대편에 서있는 '공주병' 환자인 그의 처형 블랑시의 캐릭터는 구체적으로 지문에 지시되지는 않지만 극 전체를 통해 매우 입체적으로 형상화되고 발전해 간다. 몰락한 미국 남부 집안의 여성인 블랑시는 온실의 화초처럼 자란 듯 매너와 교양을 중요시하고 신사들의 친절을 갈구하며 여전히 '예쁘다'는 얘길 듣기 좋아하는 여성이다. 영어 교사로 재직하다 알 수 없는 비밀을 지닌 채 여동생 스텔라 부부가 사는 뉴올리언스의 빈민가 아파트에 찾아와 얹혀살게 되면서 비극은 시작된다. 처음부터 처형의 등장을 못마땅해하는 난폭하고 직설적인 스탠리와, 몰락한 처지에도 비싼 향수와 드레스를 즐겨 입는 처형 블랑시는 커튼으로 간단히 칸막이를 친 비좁은 공간에 함께 공존할 수 없는 사람들이다. 매제인 스탠리의 노골적인 난폭함에 질려버린 블랑시는 어느 날 동생 스텔라에게 스탠리에게서 도망칠 것을 권하며 그를 다음과 같이 묘사한다.

> **블랑시** 그 작자는 짐승처럼 행동하고, 짐승 같은 습성을 가졌어! 짐승같이 먹고, 짐승처럼 움직이고, 짐승처럼 말한다니까! (…) 그래, 인류학 책에서 본 적이 있는 그림같이, 뭔가 유인원 같은 면이 있어! (…) 여기 석기시대에서 살아남은 스탠리 코왈스키가 있는 거야! 정글에서 사냥감을 잡아 생고기째로 집에 들고 오지! 그리고 너는 여기서, 그 사람을 기다리고 있고!

그렇듯 우아하고 고상해 보이던 블랑시는 추악한 과거

의 행적이 하나둘 드러나면서 파국으로 치닫는다. 처음부터 처형의 정체를 의심해온 스탠리가 비밀에 싸인 그녀의 과거를 수소문해 그녀가 어떻게 고향에서 쫓겨 왔는지를 밝힘으로써 그녀를 파멸로 몰고 간다. 나아가, 스탠리의 친구인 미혼의 밋치가 블랑시에게 마음을 빼앗기자 그녀가 얼마나 방탕한 여자인지를 알림으로써 둘 사이를 갈라놓는다. 밋치에게마저 버림받는 블랑시. 현실에서 도피해 차츰 환상과 몽상 속으로 도피해가는 블랑시. 그녀가 갈 곳은 어디인가? 극의 결말에 그녀를 찾아온 손님들, 즉 정신병원의 의사와 간호사가 이 도시에서 그녀가 갈 유일한 곳으로 그녀를 데려간다.

스탠리를 자신의 '사형집행인'이라 여기며 '그 사람이 절 파멸시킬 거예요'라던 블랑시의 예감은 스탠리가 (아내인 스텔라가 아이를 낳기 위해 입원한 사이) 처형인 그녀를 범함으로써 현실이 된다. 두 사람은 화해와 타협이 불가능한, 같은 하늘을 이고 살 수 없는 사람들이다. 흡사 종이 다른 호모 사피엔스와 네안데르탈인처럼, 불안한 상태로 지구 위에 잠시 동거한 이종의 인류일 뿐이다. 한쪽의 멸종은 필연적이다. 블랑시에 대한 스탠리의 능멸은 성욕의 충족을 넘어 자신의 영역을 침범한 데 대한 동물적인 복수에 다름 아니다.

현대 희곡의 주인공 가운데 이토록 개성적이면서 이토록 극단으로 반목하는 캐릭터들이 또 있을까. 그런데 이런 '미녀'와 '야수'들은 어쩐지 우리 주변에도 흔히 만날 수 있을 것 같다. 육욕과 충동에 휩싸여 사는 마초적인 남성과, 우아함과 고상함을 추구하지만 사치와 욕망의 화신이기도 한 허영의 여성들은 우리 주변에도 어렵지 않게 만날 수 있지 않던가.

그런데, 왜 '욕망Desire'이라는 이름을 가진 전차일까? 이 전차는 작가인 테네시 윌리엄스가 뉴올리언스에 정착해 살 때 집 근처를 달리던 전차의 실제 이름이었다고 한다. 극 중에서는 스탠리-스텔라 부부가 사는 뉴올리언스의 '극락' 거리를 운행하는 전차의 이름이기도 하거니와, 극의 갈등이 고조되었을 때 사람들의 드라마에 간섭하는 소음으로 그 존재를 알린다. 재즈의 본향답게 이따금 근처 카페에서 들려오는 갖가지 악기 소리도 전차의 소음에 뒤섞인다. 그러나 그보다 많은 것을 이 전차의 이름이 은유한다. 스탠리는 물론, 블랑시를 지배하고 있는 인간의 절제할 수 없는 욕망을. 때로 자신과 타인을 파괴하며 멈추는 법을 모르는 전차와 같은 위험한 욕망을. 한편으로는 '죽음의 반대'이기도 한, 펄펄 살아있음의 증거이기도 한 그런 욕망을.

> **스텔라** 하지만, 남자 여자 사이에는 어두운 데서 벌어지는 일들이 있다고. 다른 모든 것은 중요하지 않게 만드는 그런 것 말이야. (사이)
>
> **블랑시** 네가 지금 말한 건 동물적인 욕망. 그냥 욕망일 뿐이야! 좁은 길을 오르락내리락하면서 프렌치 쿼터 지역을 쿵쿵거리며 달리는 저 낡아빠진 이름 말이야.

## '연기란 무엇인가'에 답을 주는 작품

1911년 미국 미시시피주 콜럼버스에서 태어난 테네시 윌리엄스는 동시대에 활동한 아서 밀러와 함께 미국 드라마의 황금기를 이끈 극작가다. 뉴올리언스에서 호텔 보이와 잡부 등을 거치며 다양한 창작 활동을 해온 윌리엄스의 출세작은 1944년 상연돼 큰 성공을 거둔 〈유리동물원〉이다. 그러나 그를 독보적인 작가로 우뚝 세운 작품은 1947년 발표돼 퓰리처상과 뉴욕비평가협회 상을 받은 〈욕망이라는 이름의 전차〉다. 이 작품을 당시 유망했던 연극 연출가 엘리야 카잔이 무대에 올림으로써 평단과 관객 모두에게 엄청난 찬사를 받았다.

이 희곡은 1951년 곧바로 영화로 만들어졌고 영화 역시 위대한 걸작으로 남아있다. 연극에 이어 엘리야 카잔이 영화의 메가폰을 잡았고 비비언 리와 말런 브랜도라는 불세출의 배우가 각각 블랑시와 스탠리를 맡았다. 말런 브랜도의 언제 폭발할지 모를 동물적 연기도 훌륭하지만, 비밀스런 과거와 아픔을 안고 차츰 환상 속으로 도피해가다 파멸하는 블랑시의 비비언 리 연기는 압권이다. 이 영화로 비비언 리는 〈바람과 함께 사라지다〉에 이어 두 번째로 아카데미 여우주연상을 받았다. 영화로 만들어진 희곡 중에 이처럼 성공적으로 스크린에 꽂힌 작품도 드물 것이다.

대학로에서 아주 이따금 무대에 오르는 이 작품을 언젠가 소극장 무대에서 본 적이 있다. 배우도 연출도 이제는 기억이 나지 않지만, 스탠리 역을 맡은 배우는 덜 '짐승' 같았고 블랑시를 맡은 배우는 덜 '공주' 같았다. 스탠리와 블랑시의 캐릭터가 얼마나 연기하기 어려운 배역인지, 말런 브랜도와 비비언 리의 연기가 얼마나 대단한 것이었는지, 그리하여 훌륭한 연기란 어떤 것인지 한참 곱씹게 하던 관극 경험이었다. 소설과 마찬가지로 연극의 생명도 '캐릭터'임에 틀림없다. 아니 소설보다 연극에서 훨씬 더 중요한 것이 배우들이 연기하는 캐릭터가 아닐까?

# 아버지는
# 죽지
# 않는다

아서 밀러
〈세일즈맨의 죽음〉

윌리ㅣ

집을 사려고 평생 일했어.
마침내 내 집이 생겼는데
그 속에 사는 사람이 하나도 없는 거요.

＊

    유진 오닐을 거쳐 테네시 윌리엄스와 아서 밀러로 이어지는 미국 현대 드라마의 황금기가 보여주는 미국 현대 사회는 결코 지상낙원이 아니다. 행복과 안녕을 약속하는 복지국가도 아닐뿐더러 평등하고 합리적인 사회도 아니다. 약물과 술에 찌들고 편견과 혐오에 병들어 있으며 무한 경쟁 속에 질식해 가는 사회다. 자본주의 종주국, 세계의 경찰국가로 2차 대전 이후 맞설 경쟁자가 없는 막강한 초강대국으로 자리 잡은 나라의 자화상치고는 매우 절망스럽고 암울하다. 제정신 박힌 미국 영화 중에 미국을 사람이 살 만한 이상향으로 보여준 영화들이 있었던가? 마블류의 슈퍼 히어로나 웨스턴 무비의 무법자들, '람보', '로키' 같은 캐릭터들을 끊임없이 재생산해내며 '백인/남성'이 주도하는 팍스-아메리카나로의 결집을 꾀하는 영화들 어디에도 정작 평범한 사람들의 행복과 안녕은 보이질 않는다. 평론가 김현은 미국 영화가 갈수록 애국심을 강조하는 데 대해, '자기 나라가 좋은 나라라는 것을 선전해야만 안심이 되는 나라는 이미 그렇게 좋은 나라가 아니'라고 한 바 있다. 미국의 리얼리스트들은 그런 미국 사회에 잠재된 불안과 불행을 날카롭게 파헤쳐 왔다. 2차 대전 전후로 이성과 과학, 언어에 깊숙한 회의에 빠진 유럽이 다양한 실험에 몰두할 때 미국은 오히려 진지한 리얼리즘 극에 몰두해 왔다. 그 정점에 아서 밀러의 〈세일즈맨의 죽음〉이 있다.

왕년에는 하루에 예닐곱 회사를 다니며 판촉을 할 정도로 유능한 세일즈맨이었으나 이제는 성과를 내기는커녕 장거리 운전에도 위험을 느낄 만큼 늙어버린 윌리 로먼의 유일한 희망은 가족, 특히 그의 두 아들들이다. 고등학교 때 잘 나가던 풋볼 팀 주장으로 아버지 윌리의 유일한 희망이었던 비프는 사회에 나와 서른네 살이 되도록 변변찮은 일용직 노동자로 전전하고 있는 건달에 가깝고, 둘째 아들 해피는 백화점 관리직으로 근무하며 직장 상사들의 약혼자들과 육체적 관계를 맺거나 뒤로 뇌물을 받으며 위태롭고 부도덕한 삶을 이어가고 있다. 어릴 적엔 아버지 윌리 로먼을 세상 최고의 영웅으로 여기던 두 아들은 고집과 잔소리만 남은 늙은 아버지에 혐오와 증오심을 표출한다. 그런 아들들을 타이르는 어머니 린다만이 집안의 중심을 오롯이 지키며 남편을 옹호한다. 남편이자 아이들의 아버지인 윌리 로먼이 엄청난 돈을 번 적도 없고 신문에 이름을 올린 유명인도 아니며 인격적으로도 빼어난 것은 아니라고. 그럼에도 가족인 우리가 그를 돌봐줘야 한다고 말한다.

린다는 아버지 윌리가 실은 죽어가고 있다고, 가족들 몰래 자살을 시도한 걸 알게 되었다고 고백하며, 늙은 개처럼 그가 무덤 속에 굴러떨어지는 일 없도록, 아버지에게 좀 더 관심을 가질 것을 촉구한다.

잠시 경악하고 마음을 고쳐먹으려는 아들들의 시도는 그러나 아버지를 직접 대면하는 순간 다시 분노와 혐오, 경멸로 폭발한다. 아들들을 그렇게 대하는 것밖에 다른 방법을 모르는 윌리 로먼이 다시 아들 비프에게 비아냥 섞인 대사를 뱉자, 그런 아버지의 위압적 태도에 분개하며 비프 입에선 욕설이 튀어나온다. 아들과 아버지는 더 이상 서로를 어떻게 존중하고 화해하며 대해야 할지 모르는 사람들 같다.

　가족 간의 적절한 대화법을 잃어버린 이런 장면들은 어딘가 낯이 익다. 바로 선배 작가 유진 오닐의 작품에도 무시로 등장할 법한 대화다. 가족의 이런 대화, 이런 갈등이 어디 1940년대 미국만의 풍경이겠는가. 종일 학교와 학원에 묶여있는 아이들과, 이 풍요로운 자본주의 사회에서 '살아남기 위해' 밤과 낮, 주말도 없이 일터에 묶여 사는 부모들이 가까스로 어울려 사는 우리 사회는 어떤가. 그마저도 불안정한 고용과 무한 경쟁으로 사람들이 안고 살아야 할 스트레스는 끔찍할 정도다. 무한 경쟁 속에서 자식에 거는 과도한 기대나 부모에 대한 불신은 가족을 점점 피폐하게만 만들어간다. 어쩌다 이런 세상이 되었는가. 일밖에 모르고 산 세일즈맨 윌리의 말처럼 평생 고생해 마련한 집에, 그의 바람과 달리 가족들은 뿔뿔이 흩어지게 된 역설을 무어라 말해야 할까. 〈세일즈맨의 죽음〉이 현대의 고전으로 읽히는 이유일 터다.

　오이디푸스나 햄릿, 맥베스 등이 비극의 주인공이던

시절은 얼마나 행복했던가. 적어도 그들에겐 충만한 자신감으로 오만과 탐욕을 부리며 뛰어들 삶이 있었다. 현대 비극의 주인공들은 자신의 욕망이 무엇인지, 삶의 의미가 무엇인지 모른 채 자본주의가 부려놓은 관계의 늪속에 질식하다 극단의 결정을 범하고야 만다. 한때 두 아들의 히어로였던 초라해진 늙은 윌리 로먼은 역시 지극히 자본주의적인 방식으로 모든 걸 '한방에' 해결하고자 한다. 자신이 자살함으로써 (어쩌면 '약관대로 지불해 주지 않을지도' 모를) 보험금 2만 달러를 타게 되면 두 아들과 아내에게 새로운 기회를 줄 수 있을 거라는 희망에 기대는 것 말이다. 자신의 장례식에 어마어마하게 모여든 추모 하객들을 보고 두 아들이 자신에게 다시금 존경심을 갖게 될지 모른다 생각하면서 말이다.

"세상에 보수적이지 않은 아버지가 어딨냐"라고, 유독 예쁜 딸을 둔 아버지 역을 많이 맡았던 인도 영화배우가 한 말이 떠오른다. 한때 자식들에게 슈퍼히어로이지 않았던 아버지가 있을까. 자식들이 성장해 마침내 자신의 초라함을 들켜버린 아버지들. 동양에서는 '군사부일체君

師父一體'의 논리로 존엄을 연명해왔고 서양에서는 '오이디푸스 콤플렉스'의 주적으로 극복하고 넘어서야 할 존재로 그려져 왔던 아버지들. 미국인 윌리 로먼도 한때 두 아들에겐 멋진 청사진을 보여주던 슈퍼히어로가 아니던가. 자기가 훌륭한 아버지란 것을 강요해야만 안심이 되는 아버지들이 대개 그렇듯 그도 아들들 앞에 허풍을 떤다. 한때 이름을 날린 세일즈맨이던 그를 미국(뉴잉글랜드) 전역이 다 알아볼 것이며, 어린 아들들을 데리고 가면 누구나 어디나 자신들을 환영할 거라고 윌리는 말해 왔다. 그런 꿈과 기대, 자신의 위대함에 대한 윌리 로먼의 허풍은 '아름다운 도시와 훌륭한 사람들로' 가득 찬 미국에 대한 환상으로까지 확대된다. 아들들은 아버지의 그런 허풍을 들으며 자라왔다. 세상의 비정함을 어느 정도 알게 된 아이들이 아버지의 오래된 허풍에 대해 분노하고 경멸하게 된 과정은 미뤄 짐작할 만하다. 그리고 아버지를 그토록 경멸하던 아들들도 결국, 그렇게 아버지가 될 것이다.

〈세일즈맨의 죽음〉은 세 개의 유명한 기록을 갖고 있다. 1949년 뉴욕 브로드웨이에서 당대 명연출가인 엘리야 카잔에 의해 초연된 뒤 상업적으로 큰 성공을 거두고 퓰리처상 등 수 많은 상을 휩쓴 것이 첫 번째고, 1983년 아직 본격적인 개방정 책을 펴기 전 덩샤오핑 시대의 중국에서 아서 밀러가 직접 연 출해 공연을 올린 일이 그다음이다. 1987년에는 (영화〈양철북〉을 연출한) 폴커 슐렌도르프 감독의 연출과 더스틴 호프만(윌 리 역)과 존 말코비치(비프 역) 주연의 영화로 만들어져 TV를 통해 무려 2천 5백만 미국인이 시청한 기록이 또 다른 하나다. 미국 자본주의 사회에 대한 통렬한 비판을 가하는 이 작품이 20세기 후반 미국을 대표하는 가장 유명한 희곡작품이 된 셈 이다. 영화로 제작된 〈세일즈맨의 죽음〉은 비교적 원작 희곡 을 충실히 따르고 있는 데다 배우들 연기가 훌륭해 한 번쯤 찬 찬히 볼 만하다. 늙고 완고한 윌리 로먼 역의 더스틴 호프만은 물론 비프 역을 맡은 젊고 청순한 존 말코비치를 볼 수 있다.

최강대국 미국 자본주의의 민낯을 보여주는 희곡이지만 이 작품은 세계 여러 나라의 무대에 쉼 없이 상연된다. 당연히 우리나라에서도 이 작품은 자주 무대에 올려졌다. 개인적으로는 배우 윤주상이 윌리 로먼을 연기한 공연을 오래전에 본 기억이 있다. 배우 전무송도 최근에 윌리 로먼 역을 연기한 것으로 안다. 명배우들이 노년에 한 번쯤 도전하는 캐릭터가 아닐까 싶다.

사회극으로 분류하지만 거의 만 하루(24시간) 동안 벌어지는 이야기에 환상과 초현실적인 장면이 교차해 삽입된다. 흡사 영화의 플래시백이나 교차 편집의 기법처럼, 윌리의 죽은 형인 벤이 등장해 윌리의 고민과 결심을 부추기는 가상의 타자로 등장하는가 하면, 자신을 영웅처럼 믿고 따르던 과거의 두 아들과 자신을 경멸하는 현재의 두 아들이 대비적으로 함께 무대 위에 등장하기도 한다.

1915년 폴란드계 유대인 가정에서 태어난 아서 밀러는 금발의 배우 메릴린 먼로의 남편이었던 사실로도 유명하지만, 한편 매카시 상원의원이 주도한 '반미조사활동위원회'에 의해 공산주의를 추종하는 예술가로 분류돼 많은 핍박을 받은 사건

도 특기할 만하다. 매카시 광풍에 입은 개인적 체험과 상처는

그의 또 다른 걸작 희곡 〈시련〉을 낳게 하였다.

사랑받지
못하는
사람들의
카니발

\*

장 주네
〈하녀들〉

쏠랑쥬 |

아무도 날 사랑하지 않아.
아무도 우릴 사랑하지 않아.

＊

축제를 의미하는 '카니발Carnival'은 억압된 계급 질서에 길들여진 민중들에게 잠시 허락된 해방의 시공간이다. 주인과 종, 상하, 내외의 관계가 잠시 역전되고 권위와 질서 대신 조롱과 무질서가 허락된다. 가짜 왕이 옹립되는가 하면 지배계급과 착취 문화에 대한 풍자와 패러디가 난무한다. 카니발의 민중성, 해방성에 주목한 평론가 바흐친은 카니발이 단순히 카오스를 통한 파괴를 의미하지 않으며 궁극적으로는 '재생'의 관점에서 사회를 새롭게 재편하고 숨 쉬게 하는 역할을 한다고 말한다. 역설적으로 지배 질서를 공고히 하는 과정이라고도 할 수 있다. 웃음과 음주, 놀이 등을 통한 감각적, 쾌락적 해방은 고여 있는 사회에 신선한 활력을 불어넣는 역할을 한다.

주인이자 집안의 군림자인 마담이 외출한 사이 마담의 옷과 장신구를 걸치고 마담이 즐겨 마시는 차를 마시며 마담의 행위를 흉내 내며 벌이는 두 하녀의 연극놀이는 카니발의 행위를 닮았다. 쏠랑쥬와 끌레르, 두 하녀는 마담이 부재한 틈을 타 놀이를 즐기며 음모를 획책하고 급기야 마담의 애인을 고발하는 밀고 편지를 써서 그가 체포되게 함으로써 마담의 행복을 파괴하고자 한다.

두 하녀가 펼치는 카니발은 금지된 카니발이고 억압된 카니발이며 그러므로 위험한 카니발이다. 허락된 카니발이 아니며 해방을 통한 재생을 목적으로 하는 카니발도 아니다. 들킬 것을 염려하며 무모하게 치르는 하녀들의 카니발은 줄곧 불안하고 어둡다. 그들이 벌인 놀이의 흔적들, 사물들이 그들의 놀이를 증언하고 고발하게 될까 봐 하녀들은 전전긍긍한다.

> **쏠랑쥬** 끌레르. 모든 게 우릴 고발할 거야. 네 어깨를 스친 커튼, 네 얼굴을 비춰본 거울, 늘 우리의 광기를 지켜본 불빛. 그래, 불빛이 모든 걸 일러줄 거야. 다 틀렸어. 네 잘못이야.

자기 것이 될 수 없는 물건들, 자신이 생산하고도 그걸 가질 수 없는 상품에 느끼는 노동자들의 이물감과 배반감은 헤겔과 마르크스 등이 언급한 '소외'의 개념과 닿아 있다. 극작가 장 주네가 어떤 생각으로 이 희곡을 구상하고 구성했는지는 몰라도 두 하녀의 존재는 피억압자를 대변하며 그들의 행위는 모종의 저항의 의미를 내포한다.

이 희곡엔 여성 배우 세 명만이 등장한다. 쏠랑쥬와 끌레르라는 두 명의 하녀와 그들의 주인이자 그들 위에 군림하는 '마님'이 등장인물의 전부다. 특이하게도 원작 희곡에는 쏠랑쥬와 끌레르 역을 남성이 맡을 것을 주문했다고 한다. 그런가 하면 마담 역을 남성이 맡는 공연도 있었다. 이러한 성적인 뒤바꿈의 유희는 어떠한 의도와 의미를 내포하고 있을까?

이 희곡은 제법 난해한 작품이다. 서양 연극사를 수놓은 수많은 희곡 중에도 꽤 어렵게 읽히는 작품이다. 내용이 어려운 것이 아니다. 이 작품 뒤 발표되는 〈고도를 기다리며〉나 〈대머리 여가수〉 같은 부조리극처럼 논리나 개연성이 결여된 작품도 아니다. 작품의 흐름은 논리와 인과관계를 따르고 있다. 그런데 배우나 연출자의 입장에서 쏠랑쥬, 끌레르가 느끼는 감정과 동기들은 해석하기 어려운 부분이 많다. 1947년 작품이 초연되었을 때 언론들이 '절대적인 비개연성', '현실과 동떨어진 인물들', '몰입의 건전치 못한 감정' 등을 이유로 비난을 퍼부은 것도 납득할 만하다.

두 하녀는 상상의 세계 속에서 살면서 마님이 부재한 시간마다 벌이는 역할극을 통해 어떠한 목적을 지향한다. 그것은 제의가 될 수 있고 살풀이나 씻김이 될 수도 있으며 그냥 단순한 놀이에 머물 수도 있다. 그런데 이런 역할극을 통해 두 하녀는 해방되고 구원받을 수 있을까? 두 하녀가 꾸민 밀고 편지가 거짓으로 밝혀져 마담의 애인이 석방되고, 독을 넣은 차를 마담이 마시지 않아 독살 계획마저 실패하고, 마담이 다시 행복한 표정으로 애인을 만나러 나간 뒤 하녀들의 연극놀이는 파국을 맞는다. "아무도 우릴 사랑하지 않"는다 믿는 하녀들이 벌인 카니발의 대가는 (재생과 활력은커녕) 단죄와 죽음이다. 두 사람은 구원받을 수 있을까?

**끌레르**  언니, 우리 두 사람은 영원한 한 쌍, 죄인과 성인
의 한 쌍이 되는 거야. 우린 구원을 받을 거야. 언니,
틀림없이 구원받을 거야.


끌레르의 위 대사처럼 이 작품은 죄인과 성인, 나아가
성聖과 속俗이 공존하는 세계를 그린다. 성스러움과 속됨
으로 두 사람은 한 몸이며 영원한 한 쌍이 된다. 이런 글,
이런 희곡을 구성하는 데에는 논리의 차원이 아닌 뭔가
'성스러움'의 차원이 요구된다. 장 폴 사르트르가 〈하녀
들〉의 작가 장 주네를 위해 쓴, 본문보다 서문이 더 길고
장황하다는 《성聖 주네》를 통해 이 작가의 비범함을 '성
스러움'으로까지 끌어올린 까닭도 짐작할 수 있다.

이 연극은 네댓 해 뒤 만나게 될 〈고도를 기다리며〉를
예견하게 하는 구석이 있다. 마담이 없는 집안에서 벌이
는 쏠랑쥬와 끌레르의 연극놀이는 황량한 시골 들판에서
그 존재조차 의심스러운 '고도'를 하염없이 기다리는 에
스트라공과 블라디미르의 놀이의 예고편과 같다. 럭키와
포조의 등장으로 고도를 기다리던 따분한 시공간이 새

로운 국면에 접어드는 것처럼, 두 하녀가 벌이는 역할극에 마담이 끼어들면서 극은 중대한 변화를 맞이한다. 거울과 장신구가 가득한 하녀들의 밀실이 카니발의 공간이요, 성과 속의 공간으로 승화하는 숭고한 연극적 체험은 곧 메시아를 기다리는 덧없고 황량한 기다림으로 바뀐다. 구원은 어디에 있는가.

장 주네는 동서고금의 모든 극작가, 글쟁이들을 통틀어 가
장 특이한 이력을 가진 작가 중 한 명일 것이다. 대표작이기
도 한《도둑일기》라는 책이 있듯이 그는 좀도둑질과 탈영 등으
로 인생 전반기를 감옥에서 보내면서도 또다시 탈옥하고 도둑
질을 저지르며 기행을 일삼았다. 1937년부터 1943년 사이 열
세 차례나 감옥형을 받은 '교화 불가능'한 좀도둑을 위대한 작
가로, 또한 팔레스타인 해방과 베트남전 반대, 미국 흑인 인권
운동의 투사로 키워낸 데에는 프랑스 사회, 프랑스 예술계의
안목과 너그러움이 크게 작용했다. 그가 발표한 한두 편의 소
설에 공명한 사르트르, 장 콕토, 피카소 등이 주축이 된 구명
운동으로 특별 사면을 받으면서 우리는 작가 장 주네를 얻었
다. 하물며 사르트르는 이 도둑 출신의 작가를 일컬어 '성 주
네'라고까지 칭하였다. 그런데 그는 도둑이 된 작가일까, 작가
가 된 도둑일까? 무엇이 더 숭고한 직업일까?

〈하녀들〉은 1933년 프랑스의 한 시골에서 실제로 발생한 파

팽 자매의 사건을 모티브로 한다. 주인 모녀의 눈알을 뽑아 죽인 엽기적 살인사건 뒤 동성애 관계에 있던 하녀 자매는 경찰에 체포되면서 "이제 제대로 됐어"라는 말을 남겼다고 한다. 이 사건은 장 주네뿐만 아니라 프랑스의 당대 작가, 철학자들에게 많은 논쟁거리를 제공했다.

이 희곡은 직장인극단 활동을 하며 직접 연출해 본 작품이다. 실력이 출중한 배우 세 명과 여름 내내 작업해 초가을 무렵에 소극장 무대에 올렸다. 그런 작품인데, 이번에 희곡을 다시 읽으며 난감한 마음이 든다. 연극으로 올릴 땐 이 희곡에 대해 잘 알고 있다고 생각했는데 이제 와 보니 이 희곡에 대해 내가 아는 것이 거의 없다는 걸 깨달았다. 어려운 작품이지만 무척 매력적인 작품이라 우리 무대에도 종종 오르는 작품으로 안다. 이성열 연출의 〈하녀들〉과 박정희 연출의 〈하녀들〉을 본 적이 있는데 해석이 조금씩 달랐던 걸로 기억한다.

고도는
오는가?
언제
오는가?

*

사무엘 베케트
〈고도를 기다리며〉

에스트라공 |

우린 꽁꽁 묶여 있는 게 아닐까?

(…)

블라디미르 |

고도에게 묶여 있다고? 무슨 소리야?
무슨 뚱딴지 같은 소리야?

＊

　20세기 가장 유명한 희곡 중 하나인 이 작품에서 하나의 문장을 가려 뽑아내는 일은 다른 작품들에서의 일보다 훨씬 어렵게 느껴진다. 이 작품의 언어들이 수사적이라거나, 삶과 세계에 대한 깊은 통찰을 담고 있어서가 아니다. 반대로 〈고도를 기다리며〉의 주인공들이 구사하는 언어들은 (노예, 혹은 피지배자를 상징하는 럭키의 유명한 장광설을 빼곤) 장돌뱅이의 직설적 언어에 가깝다. 그런데도 희곡에 박힌 평이한 대사들은 알알이 심오한 의미와 뜻을 내포하고 지시한다.

　예를 들면 희곡의 첫 줄을 장식하는 무대의 지문 자체가 그러하다. '시골길, 나무 한 그루가 서 있다'는 군더더기 없는 지문. 이 지시문은 의외로 많은 상상력을 불러일으킨다. 1961년 작가 사무엘 베케트의 친구이기도 했던 조각가 자코메티가 나뭇잎이 한두 개쯤 달린, 목을 매달아 죽을 수도 없는 이상한 나무를 컨셉으로 무대를 꾸민 뒤, 이런 초현실적인 분위기의 무대 디자인은 이 공연에 하나의 불문율이 되었다. 물론 베케트와의 오랜 대화와 공감 속에 탄생한 나무이겠으나 그것이 꼭 그렇게 형상화돼야 옳았을까 하는 생각마저 든다. 러시아 영화감독 타르코프스키의 영화 〈희생〉의 나무 이미지도 베케트의 나무 이미지와 연결된다.

〈고도를 기다리며〉의 가장 유명한 대사는, 뭐니 뭐니 해도 희곡에서 대략 대여섯, 혹은 예닐곱 번쯤 반복되며 '기다림'이라는 작품의 주제를 더욱 굳건히 하는 다음 대사일 것이다.

블라디미르 갈 순 없어.

에스트라공 왜?

블라디미르 고도를 기다려야지.

에스트라공 참 그렇지.

그런가 하면 2막으로 이뤄진 연극에서 1막, 2막의 끝부분에 등장하는 소년이 전해주는 "고도 씨가 오늘 밤엔 못

오고 내일은 꼭 오겠다고 전하랬어요" 같은 대사도 이 작품의 주제를 암시한다. 이 대사들은 모두 두 주인공 블라디미르와 에스트라공이 기다리는, 그러나 좀체 오지 않는, 또 언제 올지 기약조차 없는 '고도'라는 사람(?)에 대한 막막한 기다림, 더 나아가 절망적인 기다림을 표현한다. 1953년 파리 몽파르나스의 바빌론 극장에서 초연된 이래 한 번도 그 모습을 드러내지 않은 채 '내일', '내일' 올 것이라고만 알려오는 '고도'에 대한 기다림은 이제 가망 없는 기다림, 혹은 기만처럼 여겨진다. '고도'가 무엇(누구)을 의미하는지 묻는 연출가 알랭 슈나이더의 질문에 작가 베케트가 "내가 그걸 알았다면 작품 속에 썼을 것"이라 대답했다는 유명한 일화까지 포함해서 말이다. '고도'의 정체를 신으로 보든, 희망으로 보든, 빵으로 보든, 자유로 보든 말이다.

그럼에도 나는 이번에 이 작품을 새로 읽으며 (아니, 최근에 상연된 이 작품의 공연을 본 뒤 다시 희곡을 훑어보았을 때) 위에 인용한 대사가 맘에 걸렸다. 에스트라공이 느닷없이 블라디미르에게 "우린 꽁꽁 묶여 있는 게 아닐까?"

하고 물으며, 아무리 기다려도 오지 않는 '그 작자(고도)'에게 손발이 다 묶여있는 것 같다는 의구심을 던지던 대사 말이다. 블라디미르는 무슨 뚱딴지같은 소리를 하냐며 대꾸하지만 따지고 보면 에스트라공의 의심에 꽤 공감이 간다. 우리는 정말 '고도'라고 하는 허상에 손발이 묶여 있는 것은 아닐까? 진득하게 참지 못하는 에스트라공을 타박할 수도 있겠지만 어쩌면 모든 기다림이 다 의미 있는 것만은 아닐 터. 뭔가를 기다린다는 것이 실은 부질없는 일로 판명 나기도 십상이다. 물론 이 작품을 구상하게 된 데에는 작가 베케트가 2차 세계대전 중 남프랑스의 농가에 피신하여 전쟁이 끝나기를, 나치가 패망하기를 간절히 '기다린' 경험이 밑바탕이 되었겠지만 말이다.

그래서일까, 이 작품에서 새롭게 뇌리에 꽂힌 대사가 또 하나 있다. 1막 초반과 2막 마지막 부분에 공통으로 등장하는 에스트라공의 대사다. "목이나 맬까?" 하던 대사. 막막한 기다림의 시간을 견디지 못하는 사람들은 '목을 매는 일'조차 하나의 놀이이자 대안이 될 수도 있을 것이다. 기다림의 저주를 받은 주인공들에겐 목을 매는 일조차 간단히 허락되지 않는다. 목을 맬 만큼 나무는 크지 않고 목을 맬 끈조차 그들에게 없다. 이럴 수도 저럴 수도 없는 기다림의 시간이 무대 위에 느릿하게 흐른다. 작품의 주인공들이 벌이는 한바탕 메마른 요설의 잔치가 건강한 사회를 재생시키는 '카니발'이 될 수 없는 이유다.

아무것도 일어나지 않는 무대. 에스트라공과 블라디미르 두 사람이 '고도'라는 정체불명의 사람(사람일까?)을 정처 없이 기다린다는 게 이 짧지 않은 연극의 내용이다. 그 이상 이 작품의 내용을 요약하거나 설명할 수 있을까? 그런데도 연극은 재밌다. 기승전결, 갈등과 파국, 대립하는 인물들의 성격, 연민과 공포 등등 그간 연극사를 지배해온 룰은 하나도 지켜지지 않은 연극이고 무의미한 말들과 정체 모를 대상들만 오가는 무대가 지루하지만은 않다. 이거야말로 대단한 희곡이 아닌가.

어느 작가와의 대화에서 베케트는 자신의 문학에 대해 '표현할 대상도 없고, 표현할 수단도 없으며, 표현할 가능성이나 표현할 힘, 표현하고자 하는 욕망도 없고, 표현할 의미도 전혀 없는' 어떤 것으로 설명한 바 있다. 무엇이 작가들에게 표현할 대상이나 힘, 욕망 같은 것들을 빼앗아 갔는가?

그런 의미에서 이 작품의 압권이 되는 대사는 잔뜩 무의미한 단어들을 늘어놓던 럭키의 대사일 것이다. 주인인 포조가 목에 건 끈을 잡아당기며 "생각해! 이 돼지 같은 놈아!" 하고 명령하자 내뱉던, 책의 페이지로 서너 쪽에 달하고, 무대 위에서 혼자 5분, 10분가량 쉴 새 없이 떠들어 대던 그 대사 말이다. 이 작품을 무대에서 처음 보았을 때에도 럭키의 대사, 그 황홀한 무의미의 장광설에 흠뻑 빠져버렸다. 원시 인류로부터 존속했을 연극은 20세기에 이르러 가장 위대한 연극의 언어를 발견했다. 분명한 단어들로 이루어져 있으되, 아무런 의미도 갖지 못하는 어마어마한 장광설의 언어를.

파리 몽파르나스 공동묘지에 있는 사무엘 베케트의 묘지.
부조리한 느낌이라곤 전혀 없는

## 고전이 된 전위극, 혹은 나이가 들어버린 젊은 연극 ————

초연 당시 전위적이고 실험적이며 도발적으로 여겨졌을 젊은 연극 〈고도를 기다리며〉는 이제 현대의 고전으로 굳건히 자리 잡았다. 이제 이 연극을 난해하다고 생각할 사람도 많지 않을 것이다. 무언가를 기다린다는 주제는 이제 친숙하거나 진부한 것이 되었다. 베케트의 다른 작품인 〈승부의 끝〉이나 〈오, 행복한 날들〉 같은 작품들, 부조리극에서 베케트와 쌍벽을 이룬 이오네스코의 〈대머리 여가수〉나 〈코뿔소〉, 〈의자〉 등에 비해 〈고도를 기다리며〉가 누리는 대중적 인기는 이 작품이 이제 오늘을 살아가는 사람들에게 보편적으로 이해되고 공감된다는 한 증거가 될 것이다.

우리나라에서 〈고도를 기다리며〉는 극단 산울림, 그리고 연출가 임영웅과 동의어다. 내가 국내에서 본 두 번의 〈고도를 기다리며〉 모두 임영웅 연출의 극단 산울림 작품이었다. 90년대 중반 산울림 소극장에서 이호성과 송영창이 각각 블라디미르와 에스트라공으로 열연한 공연을 보았고, 최근 명동예술극장에서 국립극단의 초청작 형식으로 역시 임영웅 연출에 정동환, 안석환이 연기한 공연을 보았다. 20여 년 간격을 두고 본 공연에서 연출가도 배우도, 관객인 나도 나이를 먹었다. 임영웅이 이 작품을 처음 연출해 올린 것이 1969년으로 올해로 이 작품만 50년이라니 대단하다. 그만큼 우리 연극계에서도 〈고도를 기다리며〉는 이제 나이 든 작품이 되었다. 이제는 젊은 연출가와 젊은 배우들이 도전하는 새롭고 젊은 〈고도를 기다리며〉도 보고 싶다.

얼마 전, 우리 문학에 '감수성의 혁명'을 몰고 왔다는 소설가 김승옥의 〈서울, 1964년 겨울〉을 다시 읽은 적이 있다. 예전엔 못 느꼈는데 그 훌륭한 단편소설에서도 '고도'의 그림자를 보았다. 불문학을 전공한 소설가란 점이나, 작품이 나온 1960년대가 한참 부조리극 열풍이 휩쓸고 다닐 무렵이었다는 점에서 이러한 추측이 아주 터무니없는 것만은 아닐 거란 생각이 든다. 한 작가에게 두 번 상을 주지 않는다는 불문율을 깨고 맨부커상을 두 번 수상한 (2003년엔 노벨문학상까지 수상한) 남아공의 작가 존 맥스웰 쿠체도 사무엘 베케트의 영향을 받은 작가로 안다. 그의 출세작 《야만인을 기다리며Waiting for the barbarians〉는 제목부터 〈고도를 기다리며Waiting for Godot〉의 흔적이 보인다. 사무엘 베케트가 20세기 후반 문학에 끼친 영향은 이처럼 광범위하고 강력했다.

뉴턴과
아인슈타인이
정신병동에
갇힌 이유는?

\*

F. 뒤렌마트
〈물리학자들〉

뫼비우스|

결코 감수해서는 안 될 위험이 있습니다.
인류의 멸망이 그런 것입니다.

＊

　흥미로운 과학 강연을 들었다. 다섯 번의 토론으로 이뤄진 강연 프로그램에서 물리학, 생물학, 천문학 등등 각 분야의 내로라하는 국내 과학자들과 그와 관련된 과학철학자들이 함께 참석해 논쟁을 벌이는 자리였다. 단순화를 무릅쓰고 말한다면, 과학자들이 주장하는 요지는 '인간은 그들 없이도 잘 돌아가는 자연의 법칙과 현상에 인위적으로 끼지 말라'는 것이었던데 비해, 과학철학자들은 '인간에게 의미를 갖지 못하는 과학적 지식이 도대체 무슨 필요가 있는가?'를 따져 묻는 것이었다.

　과학의 문제, 더 정확히 과학과 윤리, 과학과 책임의 문제는 날이 갈수록 더 심각하게 소환되고 있다. 인류의 파멸을 몰고 올 무기의 출현으로부터 생태계 파괴, 인간을 넘어서는 로봇과 포스트휴먼 등 과학 전반의 문제는 우리의 미래를 밝게, 그러나 그보다 더욱 어둡게 비추고 있다.

연극에서도 오늘날 과학의 문제는 가볍게 지나칠 문제가 아닌 모양이다. 솜씨 좋은 극작가들이 과학의 문제를 고민해 왔다. 오래전 출판된 《갈릴레이의 생애》(차경아 역, 두레, 2001)라는 희곡집은 브레히트의 〈갈릴레이의 생애〉를 비롯해, 뒤렌마트의 〈물리학자들〉, 하이나르 키파르트의 〈오펜하이머 사건에서〉 등 주로 과학자들의 문제를 다룬 묵직한 희곡들만 한데 묶은 바 있고, 근래 가장 핫한 극작가 중 한 명인 마이클 프레인도 1998년 작 〈코펜하겐〉에서 양자역학으로 유명한 닐스 보어와 하이젠베르크의 이야기를 풀어내고 있다. 갈릴레이, 뉴턴, 아인슈타인, 닐스 보어, 하이젠베르크, 오펜하이머 같은 과학자들이 현대 희곡의 주인공으로 등장하고 있다는 것은 눈여겨볼만한 일이다. 오이디푸스나 리어왕 같은 절대군주도 아니고, 오셀로, 빌헬름 텔, 당통 같은 정치적 영웅도 아니다. 과학자가 우리 시대의 영웅, 혹은 문제적 인간으로 떠오른 것이다.

이렇듯 과학에 관한 희곡들이 쏟아진 시기는 1950년대부터 70년대까지의 냉전시대와 대체로 겹친다. 히로시마와 나가사키에 투하된 원폭의 위력에 파랗게 질린 인류는 그보다 더 파괴적인 무기가 출현할 수도 있고 권력자의 탐욕과 실수에 의해 엄청난 재앙을 맞을 수도 있다는 가능성에 경악했다. 정치와 권력자들 손에 좌지우지될지 모를 인류의 운명은 예민한 작가들에게 큰 문제의식을 던졌을 터다. 뒤렌마트의 〈물리학자들〉과 키파르트의 〈오펜하이머 사건에서〉는 그렇게 탄생한 희곡이다.

희극적 요소와 비극적 분위기가 혼재하는 뒤렌마트의 〈물리학자들〉은 흥미로운 설정과 진행으로 인해 술술 읽힌다. 낯선 도시의 정신병원. 거기 한 병동에는 공교롭게도 각자 자신을 뉴턴과 아인슈타인, 뫼비우스라 칭하는 (혹은 착각하는) 물리학자들이 격리 수용돼 있다. 뉴턴은 18세기 초 복장과 가발을 입고 다니고, 아인슈타인은 바이올린에 능했던 실재 아인슈타인처럼 심심하면 그 악기를 연주한다. 한편 뫼비우스는 솔로몬 임금이 나타나 자신에게 지혜와 계시를 현시한다는 황당한 주장을 펼친다. 이 정신병동에 연이어 살인사건이 일어나면서 극이 시작되고 진행된다. 그것도 뉴턴과 아인슈타인, 뫼비우스를 간호했던 간호사들이 하나같이 엉뚱하고 기괴한 방식으로 이들 물리학자들에 의해 살해당한다. 이 사건들을 통해 세 사람의 정체와 비밀이 조금씩 밝혀진다. (스포일러를 무릅쓰고 말한다면) 그들은 각자 냉전 시기 동서 양 진영의 명망 있던 물리학자들인 동시에 상대방의 중요한 정보와 이론을 훔치기 위해 잠입한 첩자들이다. 간호사들이 그들 정체를 알게 되자 하는 수 없이 간호사들을 살해할 수밖에 없었던 것이다. 그러나 세 물리학자들은 결국 인류에 큰 재앙이 될 수도 있는 자신들이 편안하게 도피할 곳이 그곳 정신병동임을 깨닫는다. 자신들의 지적 호기심(과 생각)을 어떠한 위험 없이 펼칠 수 있는 곳도 정신병동이요, 자신들이 자유로울 수 있는 유일한 곳이 정신병동이라고.

물리학자들의 이러한 웃지 못할 결론에는 키파르트가 기록극 형식으로 재현한 〈오펜하이머 사건에서〉의 오펜하이머가 반면교사의 역할을 한 듯하다. 일본에 투하한 원자폭탄 제조 책임자 오펜하이머는 그 폭탄이 전범들이 아닌 일반 양민들을 학살한 사실에 괴로워하다가 미국의 수소폭탄 개발에 반대하고, 이로써 미 당국에 위험인물로 지목돼 파멸하게 된다. 1954년 열린 오펜하이머 청문회의 3천 매가 넘는 기록을 압축해 희곡으로 재구성한 작품이 키파르트의 희곡이다.

과학은 분명 인류의 생활에 커다란 혁신과 진보를 가져다주었다. 21세기를 살아가는 현대인들은 앞선 선조들이 누린 삶보다 모든 면에서 비교가 불가능할 정도로 복락을 누리고 있다. 그만큼 지구와 생태계에 심각한 파괴를 자행한 책임도 (만일 지구가 지속 가능하다면) 후대에 분명히 거론될 것이다. 인간은 더욱 살기 좋아지고 그들의 생활은 깨끗해졌지만, 그에 반비례해 자연은 급속히 황폐해지고 오염돼 왔다. 인간이 성취한 지식과 학문은 결과적으로 엄청난 경지에 올라섰지만, 지구와 인류를 파괴할 만큼 치명적인 지경까지 다다랐으며 그러한 현실의 맨 앞에 자신들, 물리학자들이 있음을 주인공들은 자각한다. 자신들의 지식과 연구 결과를 파기하는 것 외에는 다른 해결책이 없다며 그들은 정신병동 안쪽으로 더 깊숙이 은둔한다.

체르노빌 원전의 사고 지점. 과학은 세상을 구원할 수 있을까

다시 '갇힌, 그러나 자유로운' 정신병자 역할로 숨어들어가기로 결정한 세 물리학자의 결론이 과학과 지식에 대한 뒤렌마트의 극단적 냉소와 회의를 보여주더라도 이 작품이 던지는 메시지는 오늘날에도 유효하다. 우주의 객관적 법칙에 인간의 존재가 아무리 미미하게 작용하더라도, 그걸 탐구하는 과학자들의 주관적 양심과 도덕은 늘 숙고될 필요가 있다.

이 작품을 연극 무대에서 본 적은 없다. 다만 여기저기 극단의 오래된 연보에 적힌 것을 보았을 뿐이다. 아마도 냉전 전후의 엄혹했던 현실에서는 강하게 어필하다가 오늘에 와서는 다소 시대가 한참 지난 내용의 희곡으로 보일 수도 있겠다는 추측을 해본다. 그럼에도 읽히는 희곡으로서의 재미는 쏠쏠하며 던지고 있는 메시지도 의미심장하다.

뒤렌마트의 이러한 문명 비판적 주장과 반자본주의적 태도는 당대 지식 사회에서는 몹시 불편한 것으로 받아들여졌던 모양이다. 여러 시상식과 공석에서 행한 그의 저돌적인 행동과 주장들은 유명했다. 그렇다고 그가 사회주의를 옹호한 것도 아니어서 "소련 공산주의자가 낙원으로 가기는 은행가가 천국으로 가는 것만큼 힘들다"라는 말을 남겼을 정도다. 더 큰 문명사적 시각에서, 오늘날 과학과 기술 문명이 인간의 삶을 획일적으로 만들고 그에 종속시키고 있음을 파악한 점에서 독일 프랑크푸르트학파의 목소리를 듣는 듯하다.

개인적으로 뒤렌마트가 방송극으로 썼다는 〈당나귀 그림자에 관한 재판〉을 연극으로 옮긴 무대에 배우로 서본 적이 있다. 왕진을 가기 위해 당나귀를 빌린 의사가 뙤약볕에 지쳐 잠시 당나귀의 그림자 아래서 휴식을 취하자, 그림자 값을 요구한 마부를 고발하며 재판이 벌어지게 된다. 이를 통해 온 도시가 당나귀 당과 그림자 당으로 분열되어 극한으로 대립하다가 함께 몰락하고 만다는 우화를 담고 있었다. 우화의 형식을 취하고 있지만 20세기 대부분의 나라가 겪었을 좌와 우, 보수와 진보의 분열에 대한 예리한 비판을 담고 있어 흥미로웠다. 뒤렌마트의 대표작 〈노부인의 방문〉도 매우 재미있고 탁월한 작품이다. 막강한 자본 아래 모든 가치와 도덕이 무릎 꿇는 현실을 흥미진진한 희비극의 형식으로 구성하고 있다. 개인과 집단, 과학과 인간, 자본과 소외, 좌와 우의 분열 등 20세기를 관통한 핵심적 주제들을 이처럼 예리하게 파헤친 작가가 또 있을까 싶다.

# 이것은
# 희곡이
# 아니다

*

페터 한트케
〈관객모독〉

여기서는 연극이 공연되지 않을 것입니다.
여러분은 환상이 없는 연극을 보게 될 것입니다.

20세기를 만들고 이끌어 간 철학과 사상으로 흔히 마르크스, 니체, 프로이트와 함께 스위스 출신의 언어학자 소쉬르의 언어철학을 언급하곤 한다. 모든 언어는 사회적인 언어 관습인 '랑그'와 개인의 언어 행동인 '빠롤'의 층위로 구분되며, 언어는 기의와 기표의 기호로 구성돼 있어 그것이 자의적으로 연결되어 있다는 소쉬르의 아이디어는 많은 학자들에게 훌륭한 힌트를 제공하여 구조주의라는 세계를 구축하기에 이른다. 레비스트로스는 물론 알튀세르, 라캉, 장 보드리야르 등 수많은 학자들이 소쉬르의 생각을 받아들여 자신들의 철학과 학문의 방법론으로 활용했다. 존재론과 인식론에 천착하던 기존 철학과 달리 20세기 철학이 언어를 고민하기 시작하자 예술 분야에도 이러한 경향은 심화되었다. 연극에서 실존주의의 영향을 받은 부조리극이 언어를 고민한 것이 그 예가 될 것이다.

1965년, 20대 중반의 신예작가가 써서 처음 출판사에 보냈을 때, '출판도 공연도 불가한' 것으로 여겨졌던 희곡 〈관객모독〉은 대놓고 '언어극'임을 표방한다. 페터 한트케 자신이 밝히고 있듯 그는 소쉬르와 비트겐슈타인 등의 언어철학에 깊이 경도된 청년 시절에 〈관객모독〉을 썼다.

이 희곡은 또한 연극에 대한 연극, 즉 메타연극의 성격을 띤다. 이렇다 할 서사나 이야기가 없는 장광설의 희곡은 주야장천 연극이란 무엇인가, 배우란 무엇인가, 연기란 무엇인가 등등을 물음으로써 어쩌면 산다는 것은 무엇인가, 인생이란 무엇인가 따위를 묻기도 한다. 여기서 '제4의 벽' 같은 고전적 연극 이론이나 관객과 배우의 위치, 무대와 객석의 분리 따위는 무시되고 해체된다. 연극의 무대가 특정한 시공간을 애써 재현하려 하지 않으며, 연극이 진행되는 시공간이 연극이 재현하는 현실의 시공간이기도 하다. 참으로 기이한 관극 체험이 아닐 수 없다.

희곡 속의 한 주인공은 이렇게 말한다. 여기서는 당신들이 생각한 연극을 볼 수 없을 거라고. 이제까지 당신들,

관객은 우리를 주시하는 (심하게 말해 '훔쳐보는') 입장이었지만, 이제 당신들이 우리(배우들)에 의해 주시될 거라고.

연극이기를 거부한 이 연극의 도발은 여기서 그치지 않는다. 무대 위에서 펼쳐지는 시간과 공간이 어느 먼 시대, 먼 공간이 아니라 지금 바로 관객과 배우가 함께 공유하는 세계라고, 관객의 시간과 배우의 시간은 함께 흐르며 관객과 배우는 같은 공기를 같은 공간에서 숨 쉬고 있을 뿐이라고 도발한다.

1964년에 촬영되고 상영된 전설적인 (혹은 끔찍한) 영화 〈엠파이어〉에서 앤디 워홀은 여덟 시간 동안 카메라의 움직임 없이 고정된 피사체로 뉴욕의 명물인 엠파이어스테이트 빌딩을 찍었다. 원 신(장면)의 원 쇼트로 된 영화라고 해야 할까. 물론, 필름을 갈아 끼우거나 카메라를 충전해야 하는 기술적 문제로 완벽하게 원 쇼트로 찍는 것은 불가능했을 터다. 아무튼 여덟 시간 동안 관객은 고정된 앵글의 엠파이어스테이트 빌딩을 보아야만 했다. 영화 시작 한 시간여 만에 2백여 명 관객 중 많은 사람이 영화관을 떠났고 마지막까지 영화를 본 사람은 50명에 불과했다 한다. 이 작품 역시 영화 속 시간이 현실의 시간과 함께 흐르도록 고안한 야심만만한 영화적 실험이었다. 페터 한트케의 연극적 실험도 이 무렵이니 당시 전위적인 예술가들 머릿속에 어떤 비슷한 개념들이 자리 잡고 있었을지 짐작이 간다.

단단히 구축된 전통의 연극 체계를 해체하려는 노력은 뷔히너로부터 브레히트, 프랑스 부조리극 작가들에 의해 시도되었지만 그 한 극단에 페터 한트케의 이름도 올려야 할 것이다. 연극, 혹은 희곡 자체에 대해 질문을 던지는 메타연극 기법은 피란델로의 〈작가를 찾는 6인의 등장인물〉에도 시도된 바 있으나 〈관객모독〉은 보다 노골적이고 적나라하다. 네 명의 주인공들은 극중의 이름을 갖지 못한 배우들일 뿐이며 어떤 대사가 자신에게 배정돼 있는지도 알 수가 없고 어떠한 지문도 없다. 희곡 앞머리에 무대 분위기와 상황, 배우들의 연기에 대한 장황한 가이드라인이 있을 뿐이다. '여러분' 혹은 때때로 '우리'라고 관객에게 존대를 하던 배우들은 극 후반에 이르러 템

포를 빨리하며 호칭을 '너희들'로 바꾸고 관객을 조롱하고 급기야 욕설을 퍼붓기에 이른다. 우리나라에서 〈관객모독〉을 고정 레퍼토리로 공연했던 '극단76'에서는 공연 마지막에 관객들에게 물을 뿌리기도 했다고 한다. 이제까지 관망하는 신의 위치이거나 감시자, 엿보는 자, 구경꾼 역할을 해온 관객은 이 연극에 이르러 참담한 수모를 당하고야 만다. 보는 자, 보이는 자의 관계가 역전되어 오히려 무대 위 배우들이 관객을 지켜보고 있노라 말하며 관객에게 조롱을 퍼붓기도 한다.

처음에 관객에게 '여러분'이라는 존칭과 경어로 시작된 연극은 어느 순간 '너희들'로 바뀌더니 종국에는 관객들을 향한 온갖 야유의 호칭으로 바뀐다. 이러한 장치들을 통해 페터 한트케는 연극의 관습은 물론 언어 관습, 사회의 도덕적 관습까지 뒤틀며 하나의 커다란 전복을 꿈꾼다.

그런데, 대관절 누가 희곡을 꼭 이러저러하게 써야 한다고 가르친 것일까? 막과 장이 구분돼야 하고 등장인물이 제시돼야 하며, 어떤 사람이 어떤 대사를 담당하고 어떤 지문대로 움직여야 하는지를 빼곡 적어놔야 한다고, 누가 그렇게 못을 박기라도 했단 말인가. 아무런 인물 구분이나 할당된 대사, 지문도 없는 〈관객모독〉은 희곡이 될 수 없는 걸까?

일상이나 현실에서 듣거나 보거나 경험하지 못한 것들은 연극의 시공간에서도 역시 경험되지 못할 것이라는 선언이나, 이제까지 극장에서 보아온 것을 이 연극에서는 기대할 수 없을 거라는 선언은 흡사, 공연예술에 대한 무기력함의 표현으로 들린다. 그럼에도 이 작품이 던지는 메세지가 왜 여전히 의미심장하게 들리는가. 공연이 불가할 거라 여겨졌던 1965년으로부터 반세기가 지난 오늘에도 이러한 도발은 여전히 관객에게 유의미한 시비를 걸어온다. 올해 페터 한트케의 노벨문학상 수상이 꽤 적절한 때거나 혹은 너무 늦은 수상이거나, 둘 중 하나처럼 여겨지는 이유다.

## 페터 한트케, 마침내 노벨문학상을 수상하다 ─────

본문에서 언급한 바와 같이 이 기이한 희곡이 처음 창작되어 발표되었을 때, 이 희곡이 공연되어질 수 있을 것이라 생각한 사람은 별로 없었던 모양이다. 대본은 이런저런 출판사에서 거부되었고 극단들도 고개를 절레절레 흔들었다. 그들을 탓할 수도 없다. 지금에 와서야 대단한 반향을 불러일으킨 데다, 현대 연극의 고전 목록에도 오른 희곡으로 자리매김했지만, 당대 누가 이 희곡을 제대로 소화해낼 수 있었겠는가.

페터 한트케의 또 다른 대표 희곡 〈카스파〉도 과거 1980년대와 90년대에 더러 상연된 연극인데 근래에는 공연 소식을 접하지 못하였다. 〈카스파〉는 〈관객모독〉 보다 훨씬 더 언어의 문제에 천착한 희곡이다. 실제로 19세기 중반 떠들썩한 화제가 되었던 카스파 하우저의 실화를 극화한 것인데, 동물들 사이에서 자라난 카스파가 언어를 깨우치며 인간의 삶에 동화되다가 마침내 언어에 의해 분열되며 파괴적 행위를 보이는 결말을 통해 언어의 본질과 한계를 물었던 것으로 기억한다. 오래전 〈카스파〉를 대학로의 한 소극장 무대에서 본 적이 있는데 연출이나 연기하기가 쉽지 않은 연극이란 인상을 받았다.

오스트리아 출신의 페터 한트케는 이들 희곡 외에도 몇몇 실험적인 소설들을 썼는데, 이런 다양한 실험적 시도들이 인정받아 마침내 2019년 노벨문학상 수상자가 되었다. 《소망 없는 불행》이나 《페널티킥 앞에 선 골키퍼의 불안》 같은 소설도 국내에 번역되어 있다. 이보다 앞서 그의 이름이 우리에게 바짝 가깝게 다가온 적이 있는데, 빔 벤더스 감독이 연출한 영화 〈베를린 천사의 시〉의 시나리오를 그가 쓴 이력 때문이다. 〈관객모독〉이란 불가능한 희곡을 발표했던 반항아, 실험적인 청년 작가도 이제 77세의 노인이 되었다. 그렇더라도 〈관객모독〉은 오늘 읽어도 역시 젊다.

웃고
있어도
눈물이
난다

*

닐 사이먼
⟨굿 닥터⟩

작가 l

아픔이나 고통을 당하는 것이
내가 아니고 다른 사람이라면,
나는 웃을 여유가 생기게 되거든요.

＊

아마페셔널의 시대다. 독일의 철학자 발터 베냐민은 일찍이 사진, 영상 등 복제기술의 발달이 예술의 민주화(대중화)를 가져올 거라는 낙관적인 전망을 펼쳤지만 확실히 예술은 이제 소수의 귀족, 엘리트의 전유물이 아닌 대중들도 어렵지 않게 향유할 수 있는 문화 영역이 되었다. 예술의 감상뿐 아니라 창작에도 프로와 아마추어의 경계는 날로 엷어지고 있으며 순전히 삶을 즐기는 방편으로 예술 활동에 땀을 쏟는 애호가도 늘고 있다. 연극 또한 예외가 아니어서 수많은 직장인 극단, 지역 극단, 동호회, 낭독의 즐거움을 쫓는 낭독극 모임까지 활발히 결성되어 활동하고 있다.

장황하게 이런 얘길 꺼낸 이유가 있다. 닐 사이먼의 희곡 〈굿 닥터〉는 그런 아마추어 극단들이 도전해볼 만한 좋은 대본이라는 점에서다. 프롤로그와 에필로그를 제외한 아홉 편의 단막극들로 구성된 〈굿 닥터〉에서 각 극단

의 역량을 고려해 가능한 단막극만 조합해 연극을 만들
수 있을 것이다. 짧은 희곡들이지만 한 편 한 편이 포복절
도할 웃음을 선사하거나 잔잔하게 마음 깊은 곳에 울림
을 준다. 스토리가 연결되지 않는 옴니버스 단막극들임
에도 세상 어디나 똑같을 민초들의 삶의 풍경이 한 편의
통일된 작품으로 묶여 이어진다. 단편 단편의 단막극을
하나의 완결된 극으로 끌고 가는 화자(작가)가 프롤로그
와 에필로그 및 각 단편의 도입부에 등장한다. 해설자이
자 희곡들의 창작자로 설정된 이 화자의 이름은 안톤 체
호프. 맞다. 앞서 〈벚꽃 동산〉에서 언급한, 현대 사실주의
연극을 연 바로 그 작가다. 체호프와는 나라도 시대도 다
른 후배 작가 닐 사이먼이 체호프의 단편소설들을 단막
극으로 새롭게 창작해 엮은 것이 희곡 〈굿 닥터〉다. 프롤
로그에 등장해 글쓰기의 괴로움에 대해 토로하던 화자는
태연하게 이렇게 자신의 정체를 밝힌다.


작가  보나 마나 제가 죽으면 친구들이 무덤가에 와서
    그럴 겁니다. "여기 안톤 체호프가 잠들다. 아주 훌

룡한 톨스토이의 정신을 계승한 작가였지만 투르게
네프보다는 못했다!"

　화자의 짧은 소개에 이어 본격적으로 콩트 같은 단막극
들이 시작된다. 극장에서 지체 높은 장관 뒷자리에 앉았
다가 실수로 장관 뒤통수에 재채기를 한 하급 공무원이
이를 사과하기 위해 고군분투하다 끝내 소심함 때문에
파멸해 죽어가는 이야기(〈재채기〉)나, 의과 시험에 계속
낙방한 야심만만한 인턴이 치과를 찾아온 신부의 충치를
빼려다 상황이 자꾸만 꼬여 가는 웃지 못할 이야기(〈치과
의사〉), 유부녀만 골라 유혹하는 희대의 바람둥이가 작업
비법을 관객에게 알려주며 친구의 아내를 유혹하다 그만
진정한 사랑의 의미를 깨닫는 이야기(〈겁탈〉), 남편 퇴직
금을 받기 위해 은행에 와 온갖 '진상'을 부리는 부인과
그녀에게 걸려 호되게 당하는 은행 지배인 이야기(〈의지
할 곳 없는 신세〉) 등은 단막극임에도 꽤 높은 완결성을 갖
는다. 더러 과장되고 소란스런 액션의 슬랩스틱 코미디
에 가까운 작품도 있지만 희곡이 무대 위에 구현될 때 얼

마나 코믹한 상황이 연출될지 상상하는 것도 즐겁다. 다음과 같은 대사들은 이 작품의 희극성과 뛰어난 재담을 보여주는 장면이 될 것이다.

> 이반  각하! 전 용서를 빌러 왔습니다. 제가 한 재채기 속에는 아무런 정치적, 사회적 동기도 없구요. 에…어떤 적의나 폭력도 없는 아주 순수한, 신께서 시키신 행동이었습니다. 그래서 저는 제 코가 생겨난 날을 저주합니다. 정말이지 이건 제가 잘못한 게 아니라 제 코가 잘못한 거예요. (자기 코를 쥔다) 죄 많은 이 코를 벌하시되, 코 뒤에 있는 죄 없는 몸뚱이는 용서해 주십시오. 제 코를 시베리아로 유배 보내시더라도 제 몸은 용서해 주십시오. 각하, 이렇게 빕니다.•

> 여자  그래서 전 언니네 애들이랑, 언니네 집이랑, 언니

•　단막극 〈재채기〉

네 고양이랑, 언니네 염소를 돌봐야 했거든요. 그런데 그 집 새가 우리 아이를 쪼아서, 우리 고양이가 그 집 새를 물었죠. 그리고 한쪽 팔이 부러진 우리 딸애가 그 집 고양이를 물에 빠트려 죽였거든요. 그랬더니 언니는 그 대신 우리 염소를 내놓으래요. 안 그러면 우리 고양이를 물에 빠트리든가, 제 딸애의 나머지 팔을 부러트리겠다나요.•

닐 사이먼이 체호프의 소설에서 가져온 이런 풍경들은 시대와 국경을 초월해 사람들에게 웃음과 해학, 감동을 안겨준다. 그것은 19세기 러시아의 삶의 풍경이기도 하고, 20세기 미국의 풍경 그리고 지금도 공명하는 여기, 우리들 삶의 풍경이기도 하다. 웃고 있되 어쩐지 눈물이 나기도 하는.

작가  인간은 웃을 줄 아는 유일한 동물이라고 합니다.

•  단막극 〈의지할 곳 없는 신세〉

(…) 하지만 우리가 웃기 좋아하는 대상이 어떤 건지 살펴보고 나면, 이런 이론은 좀 잔인한 데가 있습니다. 예를 들어, 고통을 당하거나, 아픔을 갖고 있는 사람을 보고 웃는다는 것은 좀 비인간적인 것 같습니다. 그런데도 그런 아픔이나 고통을 당하는 것이 내가 아니고 다른 사람이라면, 나는 웃을 여유가 생기게 되거든요.●

'체호프의 등신들'이라는 말이 있다. 체호프의 등장인물들은 하나같이 소심하거나 우스꽝스럽고 괴짜 같은, 어딘가 '등신'에 가깝다는 데서 생겨난 말이다. 의사 출신에다 사진만 보면 꽤 지적이고 냉철한 외모를 가진 작가인데 체호프의 작품들은 희곡과 소설을 막론하고 하층민, 서민, 몰락한 자들에 대한 연민과 사랑으로 가득 차 있다. 그보다 따뜻한 시선의 작가를 알지 못하겠다.

미국 단편소설의 대가 레이먼드 카버의 마지막 단편소

●   단막극 〈치과의사〉

섯 제목도 〈체호프〉다. 지병으로 자신이 곧 죽게 될 걸 예감한 소설가 카버가 자신의 롤 모델이자 스승인 체호프의 최후의 순간을 소설로 쓴 것이다. 1960년대와 70년대 브로드웨이 최고 극작가 닐 사이먼에게도, 70년대와 80년대 미국 최고의 단편소설가 레이먼드 카버에게도 체호프는 오마주를 바칠 만한 훌륭한 스승이었고, 많은 작가들이 귀감으로 삼은 '작가들의 작가'였다. 누군가의 말마따나 인간, 그중에서도 하층민에 대한 완벽한 이해를 갖고 있던 작가인지도 모른다.

**그래도 살 만한, 따뜻한 세상** ─────────────

1960년대와 70년대 미국 브로드웨이를 대표하는 극작가 닐 사이먼은 처음엔 TV 작가로 활약하다가 브로드웨이에 진출하며 미국에서 가장 인기 있는 극작가가 되었다. 1967년 한 시즌에는 네 개의 작품이 동시에 히트할 정도로 그는 미국 연극계의 가장 성공한 작가로 불리었다. 〈맨발로 공원을〉(1963), 〈기이한 부부〉(1965), 〈프라자 호텔〉(1968), 〈브라이튼 해변의 추억〉(1983) 등이 그의 대표작이며 그밖에도 발표하는 족족 많은 관객들의 사랑을 받아왔다. 처절하면서도 희망조차 보이지 않는 비극을 곧잘 구사한 선배 작가들인 유진 오닐, 아서 밀러 등의 작품에 비해 닐 사이먼의 희곡은 가난하거나 소외된 사람을 다루더라도 따뜻한 온기를 잃지 않고 그래도 살 만한 세상을 얘기한다.

한 편 한 편 완결적인 이야기를 담고 있는 콩트들이 옴니버스 형식으로 이어지는 〈굿 닥터〉는 국내에서도 아마추어 극단을 비롯해 대학로의 소극장 무대에 자주 오르는 작품으로 안다. 서울예대 출신 개그맨들이 주축이 되어 공연한 뮤지컬〈루나틱〉이 바로〈굿 닥터〉를 음악극으로 만든 작품이다. 개인적으로 이 작품을 직장인극단에서 직접 무대에 올려본 적이 있다. 전문 배우와 달리, 함께 시간을 맞추기 몹시 힘들었던 직장인들을 두세 개 팀으로 탄력적으로 운영하며 아홉 개 에피소드 중 대여섯 개만 따로 각색하고 연습해 함께 무대에 올렸는데, 객석의 반응이 뜨거웠다. 아마추어 극단들이 관객들의 웃음을 유도하기가 쉽지 않은데 코믹한 내용과 연기로 관객과 호흡할 수 있는 매우 적합한 작품이라 생각한다. 그러나 이 작품이 오마주를 바치고 있는 선배 작가 체호프의 단막극들 역시 훌륭하다.〈곰〉과〈청혼〉등 체호프의 단막극들도 대개 몰락한 계층, 하층민들의 삶을 코믹하게 다루고 있는데 이런 연극을 두세 편 함께 묶어 공연해도 좋을 것이다. 한참 웃으며 본 연극에서 잔잔한 슬픔의 뒷맛까지 느끼게 해 주는 솜씨란 연극이 제공할 수 있는 가장 행복한 선물이 아닐까.

# 둔재들을 위한 변명

*

피터 셰퍼
〈아마데우스〉

살리에리 |

신을 그르칠 수 없다면
도대체 인간이란 무슨 쓸모가 있겠습니까!

베토벤과 슈베르트, 브람스, 요한 슈트라우스 등이 함께 묻혀 있는 오스트리아 빈의 중앙묘지 음악가 묘원에 섰을 때의 감격을 지금도 잊지 못한다. 가난과 불행 속에 평생을 루저로 살았던 슈베르트가 그의 소원대로 베토벤 곁에 묻혀 있는 풍경을 보고 마음이 따뜻해지기도 했고, 심각한 표정을 짓고 있는 브람스의 조각상이 그의 교향곡들과 꽤 닮았다는 생각도 들었다. 설상가상 그들 모두의 선배이자 음악사상 최고의 천재로 꼽히는 모차르트의 동상이 반원형을 이룬 묘역 정중앙에 서 있어 오케스트라의 지휘자 석을 연상케 했다. 이 어마어마한 음악가들이 자그만 묘원에 함께 묻혀 있다는 사실만으로도 그 자리를 쉽게 떠날 수 없었다.

그러나 그 찬란한 마에스트로들의 묘역을 벗어난 내가 어마어마하게 너른 빈 중앙묘지에서 간절히 찾아다닌 묘지가 한 기 더 있다. 안내 표지판에 적힌 번호대로 해당

묘역은 찾았는데, 아무리 해도 그 묘를 찾을 수 없었던 그 음악가의 이름은 안토니오 살리에리다. 역사상 가장 큰 오해를 받은 인물. 역사상 가장 억울한 누명을 뒤집어쓴 인물. 그가 오늘날 자신에게 덧씌워진 (둔재에다가 질투의 화신이라는) 이미지를 안다면 무덤에서라도 벌떡 일어나지 않을까 싶었다. 그를 빗대 2인자 콤플렉스, 둔재 콤플렉스라 해야 할 '살리에리 콤플렉스'라는 말이 공공연히 쓰이는 세상이니 말이다. 그런 오명을 심어준 데에는 널리 사랑받은 영화 〈아마데우스〉의 탓이 큰데, 탓을 하자면 영화의 원작이 된 피터 셰퍼의 희곡 〈아마데우스〉까지 가야겠다. 좀 더 거슬러 올라가면 러시아의 푸시킨이 썼다는 희곡 〈모차르트와 살리에리〉가 있고, 더 올라가면 모차르트의 독살에 살리에리가 관여했다는 민간의 이야기들이 떠돌던 사실까지 만나게 되겠지만.

훌륭한 곡은 만들지 못하면서 위대한 곡을 대번에 알아차리는 귀를 가진 그가 모차르트의 신곡을 문밖에서 엿들으며 한편 감탄하고 한편 질투심에 불타 되뇌는 대사는 너무나 인간적이고 절절하다.

**살리에리** 당신은 뛰어난 식별 능력을 제게 주셨어요. 그리고 저를 영원히 평범한 인간으로 살아가게 하셨습니다. 왜 그러십니까? 제가 뭘 잘못했습니까? (…) 제가 이 세상을 이해하려고 예술에 몸과 마음을 바치는 건 오직 하나, 당신의 소리를 듣고자 함이었습니다! 그런데 지금 전 당신의 소리를 듣습니다. 오직 모차르트를 부르는 당신의 소리 말입니다!

그의 질투와 증오, 분노는 급기야 신에 대한 투쟁을 선포하기에 이른다. 얼마나 인간적인 대사인가.

**살리에리** 듣고 있는 거요? 신을 조롱하지 말라고요? 흥, 인간을 조롱하지 마시오! 나는 조롱당하지 않을 것이오! (…) 불공평한 신이여! 당신은 적이오! 이제부턴 당신을 이렇게 부르리다. (…) (관객에게) 신을 그르칠 수 없다면 도대체 인간이란 무슨 쓸모가 있겠습니까!

희곡의 내용과 달리 살리에리는 모차르트와 하이든,

베토벤과 같은 시대를 살았고 베토벤, 슈베르트, 리스트 등을 가르친 스승이자 교육가였으며 이들 후배 작곡가들보다 당대에는 훨씬 인정받는 궁중 음악가였다고 한다. 그러한 그가 어쩌자고 이러한 씻을 수 없는 오명을 뒤집어쓰게 되었을까?

그의 누운 자리가 궁금해 너른 빈 중앙묘지를 찾아 헤매었지만 끝내 살리에리의 무덤은 찾을 수 없었다. 변변한 안내 표지판이나 기념 조각상이 눈에 띄지 않는 걸 보니 찾는 사람이 많지 않은 듯했다. 나로서는 패자, 잊힌 자의 묘지 앞에서 그의 목소리를 듣고 싶었는데.

이 희곡/연극의 압권은 뭐니 뭐니 해도 살리에리의 독백에 가까운 대사들이다. 음습하고 어두운, 증오와 질투에 가득 차 지껄여 대는 한숨과 절규의 대사들에 우리는 공명한다. 도덕을 가장해 입에 발린 말만 늘어놓는 대사나 연설들은 우리 마음을 움직이지 못한다. 훌륭한 문학 작품은 어쩌면, 타인과의 관계 속에 억지로 예를 차려 꾸며대는 말들에 있는 것이 아니라, 우리 각자의 마음 안에 자리 잡고 있는 불완전하고 불안하며 부끄러워하는 말들

오스트리아 빈의 신궁 정원 앞에 서 있는 모차르트의 조각상

속에 세워지는 것 같다. 카프카나 도스토옙스키의 언어가 그러하듯이. 예리하게 우리를 찌르는 니체의 말들이 그러하듯이. 위선과 위악의 차이일 것이다.

마냥 좋아했던 희곡이지만 요즘엔 이 작품을 대할 때마다 좀 다른 생각이 든다. 이 작품은 역사적 사실에 상상력을 보탠, 소설로 치면 팩션faction이라는 장르에 속할 것인데 어쨌든 많은 내용들이 허구에 바탕을 둔 것이다. 2백 년도 넘은 오래전 사람들의 이야기이니 심각하게 생각하지 말고 그냥 즐기자 할 수도 있겠지만, 살리에리의 억울한 누명은 어떻게 치유해줄 수 있을까. 작품성이 훌륭하니 그냥 넘어가자고 한다면, 더 심각한 과장이나 왜곡도 작품성의 명분하에 받아들여야 할까? 창작의 자유에 터한다고 하여, 문학작품이 역사적 사실을 편한 대로 비틀어도 되는 것일까? 물론 문학작품의 상상력과 자유를 억압하는 일은 바람직하지 않겠지만 이러한 반론에도 문학은 답을 해야 할 것이다. 너른 오스트리아 빈의 중앙묘지에서 애써 패배자 살리에리의 묘를 찾아 그 앞에 서보고 싶었던 마음이 대개 그러하였다.

# 피터 셰퍼, 20세기 후반 가장 기억할 만한 극작가

피터 셰퍼는 20세기 후반의 희곡문학을 대표하는 영국의 극작가다. 서사극과 잔혹극, 부조리극, 언어극, 신체극 등 다양한 시도와 실험들이 명멸했던 20세기 후반에 그는 오히려 정통적이라 할 만한 희곡/연극을 추구했다. 정통 희곡의 핵심이라 할 수 있는 주요 인물들 간의 '갈등'이 명확히 설정돼 있고, 주인공의 성격적 결함이나 기승전결의 플롯도 탄탄하게 구성된다. 밀란 쿤데라의 제자이자 〈뻐꾸기 둥지 위로 날아간 새〉 같은 작품을 연출한 영화감독 밀로스 포먼이 〈아마데우스〉를 영화화하지 않았더라도, 피터 셰퍼의 명성은 굳건했을 것이다. 1973년 런던에서 초연된 작품이 10여 년만인 1984년에 영화로 만들어졌으니 말이다. 그래도 영화가 부려놓은 이미지가 워낙 강렬해서일까, 원로배우 권성덕이 살리에리를, 배우 송승환이 모차르트를 연기했던 십수 년 전 〈아마데우스〉의 공연도 어딘가 심심하게만 느껴졌다. 영화관의 화려한 음향시설에 비하면 아무래도 소극장 무대의 시설로 듣는 모차르트의 연주곡이 맞이 나지 않았던 까닭이리라.

〈블랙코미디〉, 〈태양제국의 멸망〉, 〈요나답〉, 〈고곤의 선물〉
같은 두루 훌륭한 희곡들이 있지만, 〈아마데우스〉에 필적하는
피터 셰퍼의 대표작은 뭐니 뭐니 해도 이보다 조금 앞선 작품
〈에쿠우스〉일 것이다. 관록 있는 극단인 실험극장의 고정 레
퍼토리로 친숙한 이 연극은 여섯 마리 말의 눈을 찌른 마구간
소년 앨런 스트랭 역으로 강태기, 송승환, 최재성, 최민식, 조
재현 등 배우들을 배출해 왔다. '19금' 연극으로 노출이 꽤 심
한 연극이다. 20여 년 간격을 두고 두 번 실험극장의 이 공연을
보았는데, 몇 해 전 두 번째로 이 연극을 보다가 일본의 소설가
미시마 유키오의 《금각사》가 〈에쿠우스〉에 겹쳤다. 정신 착란
상태에서 끔찍한 짓을 저지른 소년의 모티브나 작품의 탐미적
경향성이 아무튼 두 작품을 가깝게 연결시켰다. 2016년 작고
한 피터 셰퍼는 현대 희곡에 고전적인 문학성을 복원해낸 극
작가로 기억될 만하다.

우리는
모두
콘트라베이스
연주자다

＊

파트리크 쥐스킨트
〈콘트라베이스〉

지휘자는 없어도 되지만,

콘트라베이스만은 빼놓을 수 없다는 것을

음악을 아시는 분이라면 누구나 인정할 겁니다.

＊

    한 번쯤 오케스트라의 연주회를 관람해 본 사람이라면 가장 먼저 눈에 들어오는 사람이 지휘자요, 그다음은 게스트로 초대된 성악가, 그리고 독주를 맡은 바이올린이나 첼로 연주자들, 그다음에는 객석에서도 대번에 눈에 들어오는 앞줄의 현악기 연주자들임을 알 수 있을 것이다. 기껏 몇 십 명으로 구성된 작은 오케스트라마저도 어쩐지 주목받는 자, 덜 주목받는 자, 눈에 잘 안 띄는 자 등 계급과 층위가 엄격히 나뉜 계급사회인 것만 같다. 오케스트라의 맨 뒤 열, 구석자리를 차지하는 콘트라베이스나 티파니, 실로폰 주자 같은 연주자들은 어쩐지 꼭 필요한 이들이 아닌 것 같은 느낌마저 준다. 어쨌거나 앞줄의 열성적인 바이올리니스트나 피아니스트가 가장 중요해 보인다. 쥐스킨트의 희곡 〈콘트라베이스〉는 이러한 오해에 단호히 저항하며 다음과 같이 절규한다.

오케스트라에서 콘트라베이스가 빠졌다면 과연 어떻게 될지 상상할 수가 없습니다. 자고로 오케스트라라는 명칭을 얻으려면 베이스가 갖춰져 있어야만이 가능하다고까지 말할 수 있습니다. 제1바이올린이 없거나, 관악기가 없거나, 북이 없거나, 트럼펫이 없거나, 그밖에 다른 악기가 갖춰져 있지 않은 오케스트라는 있습니다. 하지만 베이스가 없는 경우는 절대로 없습니다.

희곡의 주제를 함축하고 있다고 할 수 있는 이 부분의 진술이 얼마나 사실에 입각한 말인지 나로서는 알 수가 없다. 다만 그의 논리에 고개가 끄덕여질 뿐이다. 어디 오케스트라뿐인가. 록 밴드에서도 베이스 기타가 중요하고 합창단에서도 베이스 파트가 묵직하게 중심과 배경을 잡아주지 않으면 그 연주곡들이 허공에 붕붕 떠다닐 것이란 것은 자명해 보인다. 무릇 예술이란 굳건하게 땅에 딛고 있어야 한다는 이론들을 가장 낮은 음을 내는 콘트라베이스란 악기가 은유하는 듯싶다. '인간이 악기로부터 멀리 떨어져 있으면 있을수록 소리를 더 잘 들을 수 있도록 만들어진 특이한 악기'가 콘트라베이스라는 대사에도 어딘가 빛나는 통찰을 느낄 수 있다.

콘트라베이스 주자는 바이올린이나 첼로, 피아노, 혹은 지휘자나 독창 가수처럼 우리 눈에 잘 띄지 않으면서, 오케스트라와도 같이 조화롭게 움직이고 흘러가는 사회의 기층과 저변을 이루는 존재들을 대표한다. 사회를 움직이는 것도, 역사의 수레바퀴를 조심스럽게 끌고 가는 것도 이러한 눈에 잘 띄지 않는 콘트라베이스 같은 존재들이다. 그러나 우리 대부분이 콘트라베이스 연주자 같은 존재들이면서 스스로 얼마나 우리 자신의 존엄에 눈을 감고 사는가.

연극의 주인공이자 유일한 등장인물인 이 남성 연주자는 나이가 서른다섯 살쯤 되었고, (수상과 각료, 저명인사들이 관람하는 바그너의 〈라인의 황금〉을 공연할 만큼) 제법 잘 나가는 오케스트라의 콘트라베이스 주자다. 그러나 그는 연애를 한 지 오래된 노총각으로 어쩐지 외로움을 많이 타는 타입인 듯하다. 그의 밥벌이의 도구이자 오랜 친구이며 그토록 '애정해' 마지않는 콘트라베이스란 악기도 그에게 이따금 거추장스럽고 불편한 존재가 되기도 한다. 어쩌다 그 덩치가 큰 악기에 걸려 넘어지면 "이 멍청이야! 조심 좀 해! 왜 맨날 길을 가로막고 있는 거야, 이 바보 얼간이 같으니라구!" 하며 신경질을 내곤 한다.

책의 대부분을 차지하는 콘트라베이스와 음악에 대한 장광설만이라면 이처럼 지루한 연극이 또 있을까 싶다. 그러나 영민한 작가 쥐스킨트의 연극은 그렇게 순진하지만은 않다. 이 연극의 하이라이트는 연주회에서도 잘 드러나지 않는 존재인 오케스트라 말석의 주인공이 세상을 향해 자신의 존재를 강렬하게 드러내는 모습을 상상하며 독백하는 장면이다. 수상과 각료들까지 초대된 바그너의 〈라인의 황금〉의 공연장에서, 공연이 막 시작될 무렵에 자신이 벌일 도발을 관객들에게 자분자분 설명하여 상상하게 한다. 자신이 흠모해 마지않는, 오케스트라에 들어온 지 얼마 안 되는 메조소프라노 가수 세라를 향한 공개 프러포즈를 감행하기로 하는 장면이 그것이다.

그런 다음 음악당 안의 모든 것이 혼연일체가 되고, 최초의 동작이 막 시작되려고 할 그런 초긴장의 순간에, 모두들 잔뜩 긴장을 하고, 숨소리를 죽이며, 무대의 커튼 박스 뒤에서 〈라인의 황금〉에 등장할 세 명의 아가씨들이 말뚝처럼 굳은 채 부동자세로 서 있는 그 순간에, 오케스트라의 맨 뒷줄에서, 정확히 콘트라베이스 주자들이 앉아 있는 그 자리에서, 바로 그 순간에, 사랑에 빠져 있는 한 사나이의 심장에서 터져 나오는 외침 소리가 울려 퍼질 것입니다. (소리를 크게 지른다) "세라!!!"

이것은 일종의 테러리즘이다. 익명과 무명으로 살아가는, 그러나 세상에 하고 싶은 말이 없을 수 없는 그 많은 민초들이 우리의 입과 귀를 틀어막는 거대하고 강력한 권력과 언론, 빅 마우스들을 뚫고 자신의 존재와 의견을 세상에 드러내기 위한 도발이자 거사에 가깝다. 이 무명의 주인공(이름조차 등장하지 않는)이 벌이는 꿍꿍이는 그렇게 테러리즘에 가까워진다. "큰 사건이 터질지도 모릅니다. 수상의 경호원이 저를 총으로 쏠지도 모릅니다. 잘

못 오인하는 바람에요." '테러 아닌 테러'를 감행하려는 고독한 콘트라베이스 연주자의 상상은 잔잔했던 극의 절정을 이루며 연극의 흥미를 북돋아준다. 대부분의 사회가 이런 예외와 도발, 터져 분출하는 목소리에 관대하지 않더라도 말이다. 그런데 어쩐 일일까? 그 테러가 성공하기를 은근히 바라는 이 마음은. 그의 사랑이 멋지게 받아들여지고 성공하기를 바라는 관객의 마음은.

## 공연을 위한 희곡 vs. 읽는 즐거움을 주는 희곡 ────

《향수》나 《좀머씨 이야기》로 잘 알려진 소설가 파트리크 쥐스킨트의 《콘트라베이스》가 국내에 번역되었을 때, 많은 사람들이 그것이 정말 공연으로 올려질 희곡이라곤 생각지 못했을 것이다. 1인극, 즉 모노드라마라면 작고한 배우 추송웅이 연기해 유명해진 (최근엔 배우 장두이가 연기하기도 했던) 카프카 원작의 〈빨간 피터의 고백〉이나 매우 도발적인 페미니즘 연극인 〈버자이너 모놀로그〉 정도가 떠오르지만, 희곡작가보다 소설가의 이미지가 강한 파트리크 쥐스킨트의 희곡은 객석을 휘어잡기에는 너무 잔잔하고 장황한 얘기로 보였다. 이 두꺼운 책 한 권을 달달 외워 무대에서 뱉어낼 배우가 있을까? 그런 생각과 함께 책 자체가 그냥 잔잔한 소설로 보아도 될 만큼 재미있고, 술술 읽혔다.

1994년쯤이던가, 당시 무명에 가까웠던 배우 명계남에 의해 대학로에서 이 작품이 장기 공연되면서 그러한 의심은 말끔히 가셨다. 충분한 각색을 거쳐 무대 위에서 음악을 들려주고 (진짜) 맥주를 홀짝홀짝 마시며, 이따금 직접 콘트라베이스도 연주하며 의미 있는 메시지를 던지는 연극으로 형상화되었다. 명계남 주연의 그 공연 뒤엔 〈콘트라베이스〉의 공연 소식을 접하진 못했다. 다재다능해야 할 연기는 물론이려니와 어마어마한 분량의 희곡을 암기하기가 만만치 않을 것이다. 한시간 반가량의 시간 동안 관객들의 흥미와 관심을 지속적으로 끌고 가야 하는 1인극은 아무 배우나 소화할 수 있는 것이 아닐 터다. 무명에 가까웠던 쥐스킨트에게 비로소 작가의 명성을 안겨준 것처럼 이 희곡 〈콘트라베이스〉는 공연될 희곡으로서는 물론, 읽는 희곡의 참맛을 느끼게 해줄 훌륭한 텍스트이다.

## 인용문 출처

### 내가 누구인지 알게 되는 두려움

소포클레스, 김종환 역, 《오이디푸스 왕》, 지만지, 2019. p.119 / p.151.

### 누가 메데이아에게 돌을 던지랴

에우리피데스, 김종환 역, 《메데이아》, 지만지, 2019.
p. 110 / p. 98 / p. 27 / pp. 99-100.

### 추함, 아름다움을 굴복시키다

셰익스피어, 강태경 역, 《리처드 3세》, 지만지, 2019.
pp. 23-24 / p. 10 / p. 103 / pp. 23-24.

### 누가 내 마음을 움직이는가

셰익스피어, 김종환 역, 《줄리어스 시저》, 지만지, 2019.
p. 114 / pp. 127-128 / pp. 61-62 / p. 200.

### 흰 목덜미 위의 검은 손

셰익스피어, 김미예 역, 《오셀로》, 지만지, 2019. p. 298 / pp. 307-308.
셰익스피어, 김종환 역, 《햄릿》, 지만지, 2019. pp. 145-146.

### 가장 나쁜 죄, 위선

몰리에르, 신은영 역, 《타르튀프》, 열린책들, 2012. p. 132 / p. 13 / p. 177.

## 먼저, 인간이 돼야 한다는 것

레싱, 윤도중 역, 《현자 나탄》, 지만지, 2019.pp. 82-83 / p. 37 / pp. 102-103.

## 혁명은 무엇이며 어디서 와서 어디로 가는가

G. 뷔히너, 홍성광 역, 《보이체크, 당통의 죽음》, 민음사, 2013.
pp. 129-130 / p. 116 / p. 137.

## 19세기 초, 유럽의 내면 풍경

G. 뷔히너, 홍성광 역, 《보이체크, 당통의 죽음》, 민음사, 2013.
p. 44 / p. 44 / pp. 43-44 / p. 18.

## 제발 숨 막혀, 인형이 되긴

헨리크 입센, 안미란 역, 《인형의 집》, 민음사, 2010. p. 120.
노르베르트 아벨스, 인성기 역, 《클라시커50 연극》, 해냄, 2003. p.143.
헨리크 입센, 앞의 책, p. 120.

## 그대 다시는 고향에 돌아오지 못하리

안톤 파블로비치 체호프, 오종우 역, 《벚꽃 동산》, 열린책들, 2009.
p. 260 / p. 245 / p. 260.

## 나는 잘못이 없네, 잘못은 대지에게 있을 뿐

F. G. 로르카, 정선옥 역, 《피의 결혼 (외)》, 범우사, 2008.
p. 106 / pp. 121-122 / p. 122 / p. 118.

## 우리는 무엇을 아는가? 무엇을 모르는가?

브레히트, 임한순 역, 《브레히트 희곡선집 2》, 서울대출판문화원, 2016. p. 51 / p. 6.

## 제발, 연극에 몰입하지 마시기를

브레히트, 임한순 역, 《브레히트 희곡선집 2》, 서울대출판문화원, 2016.
p. 288 / p. 285 / p.290 / p. 205.

## 우리는 과거를 잊으려 하지만, 과거는 우릴 잊지 않는다

유진 오닐, 강유나 역, 《밤으로의 긴 여로》, 열린책들, 2010.
p. 102 / p. 78 / pp. 217-218.

## 욕망의 종착역

테네시 윌리엄스, 김소임 역, 《욕망이라는 이름의 전차》, 민음사, 2007.
p.12 / p.27 / pp.74-75 / p.73.

## 아버지는 죽지 않는다

아서 밀러, 강유나 역, 《세일즈맨의 죽음》, 민음사, 2009. p. 14.

## 사랑받지 못하는 사람들의 카니발

장 주네, 오세곤 역, 《하녀들》, 예니, 2014. p. 45 / p. 56 / p. 60.

## 고도는 오는가? 언제 오는가?

사무엘 베케트, 오증자 역, 《고도를 기다리며》, 민음사, 2000. p. 31 / p. 18.

## 뉴턴과 아인슈타인이 정신병동에 갇힌 이유는?

F. 뒤렌마트, 김혜숙 역, 《뒤렌마트 희곡선》, 민음사, 2011. p. 257.

## 이것은 희곡이 아니다

페터 한트케, 윤용호 역, 《관객모독》, 민음사, 2012. p. 19.

## 웃고 있어도 눈물이 난다

닐 사이먼, 박준용 역, 《굿 닥터》, 포도원, 1992. p. 28 / p.9 / p. 16 / p. 70 / p. 28.

## 둔재들을 위한 변명

피터 셰퍼, 신정옥 역, 《아마데우스》, 범우사, 2009. p. 133 / p. 131 / pp. 132-133.

## 우리는 모두 콘트라베이스 연주자다

파트리크 쥐스킨트, 유혜자 역, 《콘트라베이스》, 열린책들, 2000. p. 8 / p. 9 / p. 88.

## 자, 이제 다시 희곡을 읽을 시간

**초판 1쇄 발행** 2019년 12월 31일

**지은이** 이희인
**발행편집** 유지희
디자인 송윤형
제작 제이오

**펴낸곳** 테오리아
**출판등록** 2013년 6월 28일 제25100-2015-000033호
주소 03784 서울특별시 서대문구 연희로 30, 405호
전화 02-3144-7827  팩스 0303-3444-7827
전자우편 theoriabooks@gmail.com

ⓒ 이희인 2019
ISBN 979-11-87789-27-7  03680

- 이 도서의 국립중앙도서관 출판예정도서목록(CIP)은 서지정보유통지원시스템 홈페이지(http://seoji.nl.go.kr)와 국가자료공동목록시스템(http://www.nl.go.kr/kolisnet)에서 이용하실 수 있습니다. (CIP제어번호:CIP2019050760)

- 이 도서는 한국출판문화산업진흥원의 '2019년 출판콘텐츠 창작 지원 사업'의 일환으로 국민체육진흥기금을 지원받아 제작되었습니다.